谨以此书

献给追求卓越的管理者

在阅读本书之前，让我们共同致敬

贡献了这些管理学经典的卓越企业、管理大师和研究学者

极简管理

管理进阶的88个定律

汪豪
尹雨诗
／
著

中国经济出版社
CHINA ECONOMIC PUBLISHING HOUSE
·北京·

图书在版编目（CIP）数据

极简管理：管理进阶的 88 个定律 / 汪豪，尹雨诗著

. —北京：中国经济出版社，2021.9

ISBN 978-7-5136-6344-1

Ⅰ. ①极… Ⅱ. ①汪… ②尹… Ⅲ. ①企业管理

Ⅳ. ① F272

中国版本图书馆 CIP 数据核字（2020）第 181519 号

策划编辑　崔姜薇

责任编辑　王建昌

责任印制　马小宾

封面设计　任燕飞装帧设计工作室

出版发行　中国经济出版社

印 刷 者　北京柏力行彩印有限公司

经 销 者　各地新华书店

开　　本　710mm × 1000mm　1/16

印　　张　16.5

字　　数　310 千字

版　　次　2021 年 9 月第 1 版

印　　次　2021 年 9 月第 1 次

定　　价　58.00 元

广告经营许可证　京西工商广字第 8179 号

中国经济出版社 **网址** www.economyph.com **社址** 北京市东城区安定门外大街 58 号 **邮编** 100011

本版图书如存在印装质量问题，请与本社销售中心联系调换（联系电话：010-57512564）

只为成就卓越管理者

完成本书，我们花了十年时间。

十年的时间有多长？

算起来，人生也只不过是几个十年而已。

一、十年磨一剑，十年一本书

我与我的合著者曾写过很多关于企业管理和市场营销的图书，在这些图书中，每一本从酝酿到定稿所花费的时间都没有超过两年的。但是这一本书，我与我的合著者从2012年年初着手，直到2016年才仅仅将写作的基本素材收集完整。

2017年，我们开始动笔，不停地写，不停地优化和修改，两个人在不断探讨与磨合中，整整写了一年。

2018年，我们基本完成了本书的初稿。尽管我们对这一初稿有很多不满意之处，但谁都不敢继续修改了，因为对书稿进行修改的那种挑战、难度和煎熬远远胜过撰写的挑战、难度和煎熬。无奈之下，我们将其暂时搁置了下来。

2019年，我们终于又鼓起勇气对初稿进行修改和完善。直到2020年，我们才最终确定了本书的主体内容。然后，在和出版社编辑老师的不断碰撞中，又匆匆过去了一年。

2021年，当准备写这篇序言的时候，距离2012年年初已经过去了九年。我想，当本书最终上架与读者见面的时候，或许已超越十年之久了。

古人说“十年磨一剑”，而我们用了十年，终于完成了这本书，同时也完成了我们人生中的又一次蜕变。

二、遵循“天道”，极简管理

有史以来，人类为了获得食物，躲避自然灾害，繁衍后代，而不断总结自然规律和社会规律，希望从中可以找到指引方向的“天道”。这些“天道”常常被智者阐释为各种“定律”“法则”“定理”“效应”“规则”，等等。它们是人类智慧的财富，值得我们一代又一代地去研读和传承。

在本书中，每一个“天道”其实都在为人们讲述一个能引申到企业经营管理领域的道理，都能给现代企业管理带来源源不断的启发。这些“天道”中的大部分内容，如果不经过作者的收集整理和重新诠释，可能已经很少有人能够看到了，即使有一些大家在日常生活中耳熟能详的“口头禅”式的“天道”，大多数人也只是将其当作一个玩笑顺口说说而已，并不会去深究其真正蕴含的深层次管理内涵，这是一个挺悲哀的现象。

在这里，如果您不喜欢“天道”这个词的话，那我们可以依旧称之为“管理定律”。

三、重新看待中西方的管理智慧

作为本书的作者，本书完稿搁笔之时，正好是我们两人共同从事企业管理和市场营销研究与实践二十年之际。在这二十年中，我们阅读了大量东西方的管理与营销著作。

整体比较而言，西方的管理学偏重于通过实验获得结论，而东方的相关学说则更偏重于基于实践或观察的感悟、冥想或顿悟来获得结论。

所以，西方的管理学更像是自然科学，虽较为严谨，但其理论的适用范围相对狭隘；东方的管理学相对而言更像是社会科学，看似泛泛而谈，其理论的适用范围则相对宽泛。

对于国内的专业人士来说，有些人推崇西方的理论获得方法，因为它保证了科学的严谨性；有些人则推崇东方的哲思演绎，因为它能让我们举一反三，适用范围更广。

不过，在我们为本书的写作搜集素材并对这些素材进行分析总结的时候，发现东西方的思维和智慧其实并不违和。相反，它们之间是一种互为补充与完善的辩证关系。我们一致认为，对于指导管理的书籍来说，既要提供给读者严谨科学的内容，也要提供给读者多元和开放的视角，从而让东西方的管理智慧融合在一起，使读者感受到管理学其实应为自然科学和社会科学的完美融合。

换句话说，管理既是科学的，也是艺术的。

四、管理定律，历久弥新

在此，我们应该感谢有史以来对管理学进行实践、总结和研究的管理者、管理学学者、社会学家、经济学家、心理学家、人类学家、哲学家们和其他所有的实践者和学者们。

一位成功的管理者对社会的最大贡献不是自己创办了多么伟大的公司，赚取了多么巨额的财富，而是自己给时代和后人留下了多少管理经验。所以，我们最为推崇的，是乐于分享，并将自己的经验以图书或其他可分享载体的方式进行传承与传播的管理者，他们才是真正对社会有贡献的，真正值得社会尊重的。

真正的管理学者，应当向人们传授真正的科学管理理论，帮助他们在实践应用中，不断优化管理，不断推进中国企业乃至世界企业的管理水平，让整个经济社会和人类发展更加文明。

有人的地方，就有管理的存在。所以，社会学家、经济学家、心理学家、人类学家、文学家和哲学家们也在不断为管理学提供理论源泉。在本书中，很大一部分管理定律就是来自社会学、经济学、心理学、人类学、文学和哲学领域的贡献。所以，在搜集本书写作资料和撰写本书的过程中，我们同时也接触并积累了大量的多学科和跨学科的知识。很多知识之前并没有被引申到管理学领域，我们相信通过本书，能让读者眼界大开，在提升管理能力的同时，也完善自己的知识系统，扩展自身的认知范畴。

五、精进学习，精益管理

所谓“学而不用则废，用而不学则滞”，在本书之外，作者还设计了针对“管理定律”的问题或练习，让读者能及时有效地领悟和应用这些管理定律，以提高自身的管理能力，也提高所在企业的管理水平。也许，这才是我们历经十年，辛苦努力呈现这本书的真正意义。

另外，本书的知识不适于速读，而适于不断地揣摩和应用。我们希望读者在读完本书第一遍之后，不要将其立即放回书架，而是摆在您触手可及的地方，随时翻阅，相信里面的管理定律会在您的应用过程中产生新的内涵，让您的每一次阅读都有新启发。

六、只为成就卓越管理者

就作者看来，最好的管理并不是来自管理他人，而是管理自身。换一个角度来说，基业长青的企业背后，都有一支卓越的团队；卓越的团队背后，都有一个卓越的管理机制；而卓越的管理机制背后，都有一个卓越的管理者。所以，卓越的管理者就是基业长青的企业的一切。本书的出现，就是为了成就一个又一个卓越的管理者。

作为本书的作者，我们希望能和卓越的管理者交流学习，也很乐意听到读者的心声，如果您在阅读过程中，有交流的想法，可以添加我们的读者交流微信号（ynwanghao）。

漫漫十年，笔耕不辍，只为分享极真与极简的商业知识。

愿我们的每一位读者，都能成为卓越管理者。

目录

1 发展战略篇

2 组织战略篇

3 投资与营销篇

4 人力资源篇

5 信息沟通篇

6 风险控制篇

7

决策判断篇

8

自我管理篇

9

更多管理定律

1

发展战略篇

自来水哲学

编者荐语

企业生存于这个世界的价值是什么?

一方面，对于企业的发展来说，企业必须有足够的利润，才能使自身生存下去。但是如何才能让企业保持足够的利润呢?相对于竞争对手而言，企业要保持足够的利润就必须为消费者提供更有价值的东西，即更好的产品、更好的服务和更适合的价格。

另一方面，大众经常会把企业视为唯利是图的商业个体，而事实上，优秀的企业往往都是由这个世界中最有道德和最为勤奋的一群人所构建的。他们以过人的聪明才智和勤奋的工作为我们带来更好的产品和服务，让更有价值、更好的东西被普及，让人们的生活更加舒适和美好。

毋庸置疑，企业的短期目标都是要保持一定的业绩，不过这只是企业在一定发展阶段的需要。对于一家眼光长远的企业来说，它的终极目标一定是以更优良的产品、更周到的服务和更低廉的价格去满足大众的需要，从而最终推动这个社会进步，这也是一家企业生存于这个世界的根本价值。

基本释义

自来水哲学是松下幸之助对企业使命的比喻。松下幸之助被誉为日本“经营四圣”之一（其他三位分别是本田宗一郎、盛田昭夫和稻盛和夫），在日本被称为“经营之神”。他所创立的松下电器，在日本乃至全球实业界具有巨大影响。

松下幸之助曾谈道：企业经营的终极目的不是利益，而是将寄托在我们肩上的大众的希望通过数字表现出来，完成我们对社会的义务。企业的责任应该是把大众需要的东西，变得像自来水一样便宜。

“把大众所需要的东西，变得像自来水一样便宜”，这就是松下幸之助几十年的实践总结和思考感悟，也是后来被松下和日本商界总结为公司经营的“自来水哲学”。用松下幸之助的话来说：“企业的使命应该是消除世界贫困。水管里面的水固然有其价值，然而喝路边的自来水不用付费是不应该受到责备的，因为水资源相对丰富。企业的责任不正是让世界物资丰富以消除一切不方便吗？”松下幸之助认为，“企业经营的第一理想应该是贡献社会”。

企业经营的自来水哲学，就是要通过企业化和工业化的手段，把原来只有少数人能享受的奢侈品变成普通大众都能获得的基本产品或服务。根据自来水哲学，松下电器的经营方针确立为：质量必须优先，价格必须低廉，服务必须周到。

早在1927年，松下电器首次成立电热部，计划生产电熨斗。当时全日本电熨斗每年销量不超过10万个，但是价格相对不菲。松下幸之助认为：“这么有用的东西，只因为价钱贵，很多想用的人都买不起。因此，只要降低价钱，就会有许多人去买。如果很多人要买，乍看起来月产1万个似乎多，但实际上是能卖出去的。先决条件是，降低价格，使大家都能买得起。”于是松下幸之助决定，通过大量生产来降低价格，每月生产1万个，价格降低30%，结果大获成功。对此，松下幸之助总结说：“生产大众化的产品时，不但要推出更优良的产品，售价也要便宜至少三成以上。”

管理启示

从根本上讲，使顾客一直受益，才是企业稳定获利的市场基石。企业在为客户提供物美价廉的产品和服务的同时，能得到丰厚的利润回报，也能得到长足发展。

关于可口可乐，流传着这样一句话：美国总统喝的可乐和街头乞丐喝的可乐是一样的，总统喝到的可乐，不会比乞丐喝到的更美味。在过去，通过特供或针对特殊人群的特殊服务，皇宫的人能享受到普通人享受不到的食物或服务，但是在工业发达的今天，在各个领域都越来越注重企业化服务的今天，普通大众也可以通过低廉的价格获得和以往的贵族一样的食物或服务。这其实正好体现了松下幸之助提出的企业经营的自来水哲学——只要是好的东西，就要通过企业的经营，让普通大众也能获得，就像自来水一样来到我们每个人的身边，像自来水一样便利和低廉。

在市场经济环境下，自来水哲学应该成为所有企业经营的核心理念。每一家企业都应致力于将人们所需要的产品和服务像“自来水”一样（便捷和低廉）提供给大家。如此，企业终将伴随社会和人类的发展而一同发展，最终成为百年企业。

飞轮效应

编者荐语

当我们初出茅庐，或是企业初创时，往往都会有高远的理想和抱负。但是，长期下来，最终真正有较大成就的人和企业，总是凤毛麟角。因为不管是人的发展还是企业的发展，都没有那么容易，往往都面临着各种阻力，都需要用尽全力，并长期坚持。

如何看待个人或企业的成就、如何面对个人或企业在发展过程中面临的困难、如何揭开在个人或企业发展过程中起着关键影响的要素或自然规律，这些问题对个人或企业的理性发展至关重要。

基本释义

飞轮效应（Flywheel Effect），是指要使静止的飞轮转动起来，一开始你必须使很大的力气，一圈一圈反复地推动，每转一圈都很费力，但是每一圈的努力都不会白费，飞轮会转动得越来越快；当飞轮转速达到某一临界点后，虽然你只用较小的力气，但飞轮依旧会继续快速转动，并且飞轮一旦开始高速运转，即使外界出现较大阻力，也很难使它在短时间内停下来，飞轮能凭借自身的动能克服较大的阻力维持运转。

飞轮效应告诉我们，在我们刚开始做某一件事情时，可能都会觉得很困难，而且进展也非常缓慢。但是只要坚持下去，一旦过了临界点，高速发展就会变得很轻松。

理论延伸

飞轮效应的反面——“死亡循环”

从理论上来说，其实企业的发展很简单，只需要有清晰的战略思路，然后通过不断的努力，坚持、坚持，再坚持，直到将企业推上高速发展的轨道。这就是飞轮效应的体现。

然而，为什么很多企业听起来不错的战略最终都失败了呢？究其原因，主要有两个方面：一是它们本身就没有可信度，无法使参加者建立起信心；二是领导者和执行团队不够坚定，一旦遭遇意料之外的挫折，就开始怀疑既定的方向和战略，马上调整方向和战略，而不是进行很好的反思，继续坚持下去。

以上所说的就是飞轮效应的反面——“死亡循环”。陷入死亡循环的企业，往往在改革刚开始时都有一个很美好的初衷，唯一缺乏的，是没有足够的执着去实现飞轮效应。它们往往是凭着一种短期的狂躁的热情去推动变革，幻想“一口吃成个大胖子”。在狂躁的情绪中，它们的战略是不坚定的，它们在面临困难时就不断更换战略，不断更换领导者，不断更换团队，甚至不断更换方向，于是这个企业就进入了“死亡循环”——它们总在飞轮还没有转动起来之前，就急于重新转动另一个飞轮，于是它们推动的每一个飞轮都没有转动起来；最终，它们精疲力竭，完全绝望，彻底放弃。

管理启示

想象一下，有这样一个巨大的飞轮，直径100米，重100吨，这个飞轮就是你的企业，而你的任务是把飞轮推动起来，而且推得尽可能快，也就是你要带领团队将你的公司运转起来。

刚开始的时候，轮子是静止的，所以你们必须使出全身力量，让飞轮开始转动，但是你们不可以放弃，必须继续使劲推。一段时间之后，轮子好不容易转动了第一圈，这时你们已经很累了，但是你们选择继续坚持，两圈、三圈、四圈、五圈……这时轮子转动得越来越快，越来越快……

最终，在某一点，在你说不清的某一点，你感觉你们已经不用费什么力气，轮子就可以随着惯性快速地旋转了。此时，你们的力量没有增加，但是轮子的速度却依旧飞快。

人的发展或者企业的发展，就像是这个飞轮。整个过程非常漫长，在刚开始的时候，总是发展得那么的艰难，让人感觉看不到希望，随时有坚持不下去的感觉，但是越坚持到后面，就越轻松，最终一定能享受到成功的喜悦。

所谓“万事开头难”，一旦开始了，也就成功了一半。这说明每一件事情在开始时都将面临很多困难，我们在开始一件事情之前，要做好足够的心理准备。另外，在人类行为学上，有7天形成一个习惯的说法，即如果我们坚持7天重复做某一件事情，那7天之后，我们就形成了做这件事情的惯性，整个身心机能都会习惯性地重复做这一件事，不会有心理排斥和行动上的畏难情绪，事情也因而变得简单和容易，我们甚至可以在其中找到乐趣。

在企业发展中，我们还会经常面临企业的改革，或者推行一项新的管理制度。如何有效推动企业的改革？如何顺利推行新的制度？在此，飞轮效应也能给我们一些启示。

著名连锁企业克罗格公司的总裁、著名管理专家吉姆·柯林斯曾运用飞轮效应，使公司的5万名员工接受他的改革方案。他没有试图一蹴而就，也没有打算用煽情的演讲打动员工，而是组建了一个实干高效的团队来“慢慢地但坚持不懈地转动飞轮”，用实实在在的业绩来证明他的方案是可实施的，也是会给企业带来效益的。刚开始，员工们都抱着观望想法，持有怀疑态度，甚至阻挠新方案的实施。但是之后员工们看到了吉姆越来越多的成绩，于是越来越多的人对改革充满信心，并加入改革的行列中，以实实在在的行动为改革做出贡献。当改革推动到某一时刻时，改革的“飞轮”基本上就能自己转动了，吉姆和核心团队也不用再在这项改革上花太大的精力了。

竹子定律

编者荐语

作为一名管理者，规模化和专业化这两个方面，你会怎么选择？

为什么很多企业在进行规模化的时候，往往很快就倒塌？

为什么很多企业多年默默经营，名不见经传，甚至从未出现在人们的视野中，但是却能瞬间占据人们的眼球，并长期保持高速发展？

为什么很多企业发展了很多年，却一直原地踏步？

为什么很多企业一开始抢尽风头，却很快就淡出人们的视野？

基本释义

竹子定律讲的是竹子生长的规律。

在一开始，竹子用了4年的时间，才长出了3厘米。

但是从第5年开始，它就会以每天约30厘米的速度疯狂生长，然后只需用6周的时间，就能长到15米左右。

其实，在前面的4年，看起来竹子在地面上没有明显生长，但是在这几年的时间里，竹子已经把它的根茎在土壤里伸展了上百平方米。

管理启示

竹子定律带给我们的是厚积薄发的道理。成功需要长期的积累，在刚开始要耐得住寂寞，把根深深地扎下去，要一心往深处发展而不是往高处发展。可以预料，一旦根基扎实，要建起高楼，就变得非常容易，也会非常迅速。

所以，不管是个人的发展还是企业的发展，不要过于计较你此时此刻的付出得不到回报，其实这些付出都是为了扎根。个人或企业的发展都需要，也必须要有足够的储备；而现实中，又多少人，有多少企业，没能熬过那3厘米？

很多人奋斗和开创事业的过程也像竹子的生长过程，一开始铆足了劲，但是由于前面的大部分阶段都在打基础，所以成效并不那么明显，于是，就在第1年、第2年、第3年，甚至第4年的时候选择放弃。但其实要获得长期发展，达到一定的高度，就必须要有长期的积累，必须往深处下足功夫。

所谓“冰冻三尺非一日之寒”，实际生活中我们所看到的任何成功的表象，在其出现之前其实都进行了长期的、大量的沉淀和积累。因为，没有什么成功是可以轻易和快速地实现的。

成功，需要往深处去探求，需要忍受煎熬，耐得住寂寞。坚持、坚持，再坚持，最终，我们一定会获得超出预期的回报。

换个角度来说，个人或企业发展的深度，其实也就是关于“专业”的话题，把根扎得深，把根伸得广，也就是尽可能将我们的专业基础打得扎实。在企业发展和规模化的过程中，只有专业基础扎实了，才会稳定发展而不出问题。

就像汽车一样，只有技术扎实和工艺精良的汽车，才可能在速度和安全性上取胜，而技术和工艺都不能保证的汽车一旦高速行驶或碰到交通问题，往往就意味着一场灾难。

那么，你正在制造或驾驶的是一辆性能稳定的汽车，还是一辆隐患重重的汽车呢？

负重效应

编者荐语

对于一个团队或个人来说，我们应该承担压力还是减轻压力？

在团队遇到危机的时候，领导者应该怎么做？

如何才能和团队一道渡过危机？

相信“负重效应”能给我们带来相应的答案和启示。

基本释义

负重效应起源于一个航海故事。

故事中，一位经验丰富的老船长在返航时，突然遭遇到了狂风巨浪。老船长果断命令水手们立刻打开所有货舱，往里面灌水。

当时，年轻的水手很不理解：“怎么能够往船舱灌水呢？这只会增加船的重量，使船迅速下沉，这是自寻死路啊！”

但随着货舱里的水位越升越高，随着船体吃水位一寸一寸地下沉，猛烈的狂风巨浪对船的威胁却逐渐减少，货轮渐渐平稳起来。

最终，货轮平稳渡过难关……

船长说：“一只空木桶，是很容易被风打翻的；如果装满水负重了，风是难以吹翻的。同样道理，船在负重时是最安全的，空船时则是最危险的。”

后来，人们将这种现象称为“负重效应”。

管理启示

负重效应给团队领导者的启示：要教育下属们为自己加满“水”，要胸怀大志，不断充实和提高自己，要充满神圣的使命感和责任感。

有了使命感和责任感，下属们就像负重的木桶和船，能够经受住人生旅程中所有风雨的洗礼，能够在企业改革的道路上迈出坚定的脚步，能够切切实实地提高自己的职业水平。

一支高水平的队伍是企业最宝贵的财富，是企业在竞争中永远立于不败之地的最重要资本。

荷花定律

编者荐语

企业发展依靠什么？

企业发展最重要的是什么？

一家成功的企业是如何成为成功企业的？一家百年老店是如何成为百年老店的？

在企业发展中，技术、人才和资金缺一不可。但是这三者都只存在于一个维度，都是静态的前提条件，终归要通过时间来发酵和沉淀。因为，只有时间才能让事物真正发生变化，只有时间才能改变事物的模样。

基本释义

荷花定律所讲的是荷花开放的规律。

一个池塘里的荷花，每一天开放的数量是前一天的2倍左右。假设到第20天，荷花会开满整个池塘。那请问在第几天池塘中的荷花开了一半？是第10天吗？

错！是第19天。

换个角度来说，池塘里第一天开放的可能只是几朵荷花，第二天开始，它们就会以前一天的2倍速度开放，到第19天时荷花仅仅开了一半，但到第20天，荷花就会开满整个池塘。

也就是说，最后一天开放的荷花是前19天的总和。

这就是著名的荷花定律。

管理启示

我们在开创或经营一项事业时，刚开始时进展都是非常缓慢的，慢慢地，我们就会感到枯燥、乏味、厌烦，或是感觉无望。我们可能在创业初期、中期，甚至是在创业临近成功时放弃我们起初的梦想。

很多时候，我们放弃时往往离成功只有一步之遥。马云说："今天很残酷，明天更残酷，后天很美好，但是大多数人死在明天晚上，看不到后天的太阳。"

《战国策·秦策五·谓秦王》里有言："诗云：'行百里者半于九十。'此言末路之难也。"意思是，一百里的路程，走到九十里也只能算是才开始一半而已，因为最后的十公里才是最艰难的。比喻做事愈接近成功愈困难。

企业的"一生"，或是一个人的一生，就像池塘里的荷花，一开始用力盛开，但总是困难重重，努力也不会那么快见效。日复一日的劳作逐渐磨灭了当初的激情，我们就渐渐感到厌倦，甚至滋生放弃的念头。于是，我们可能就在第5天、第10天、第15天，甚至是第19天的时候，选择了放弃。

无论是经营事业还是经营人生，大多时候我们缺少的不是能力、技巧或是模式，而是坚持和毅力。

因为一切机会和优势要素的组合，只有经过时间的发酵和沉淀，只有坚持长期的量变，才能完成最后的质变，才能突破成功的临界点，取得最后的成功。

猴子-大象法则

编者荐语

在商业竞争中，总有实力强弱的悬殊。按常理来说，强者可以安枕无忧，弱者只能但求自保，这是弱肉强食的自然法则。但是在现实中，并不总是强者消灭弱者，弱者也能通过恰当的竞争策略存活下来，并且让强者寝食难安。

在百事可乐与可口可乐早期的竞争中，百事可乐的战略思维是，对手越强大，它的弱点就越明显，或者对手越是强大的地方，就越是它脆弱的地方。根据这一竞争战略思维，百事可乐总能找到可口可乐的弱点，在两者几十年的竞争中游刃有余，一直有很好的市场表现。

基本释义

猴子-大象法则，由专门提供企业战略服务的美国波士顿顾问公司创始人布鲁斯·亨德森提出。布鲁斯认为，公司经营最重要的是在市场竞争中获得胜利，而要想获得胜利，就必须有足够的市场分析，并制定相应的竞争战略。猴子-大象法则就是波士顿顾问公司设计的一种企业竞争战略思维。

布鲁斯将那些规模庞大的公司比喻为大象，而将那些行动灵活的小公司比喻为猴子。猴子-大象法则的寓意是大象（大公司）依靠它庞大的身躯可以踩死猴子（小公司），但猴子凭借它小巧灵活的身体可以随时随地骚扰大象；大象因体型笨重，行动不灵活，必然处处被动，不胜其烦，屡遭挫折。如此反复，猴子就能在局部甚至在整体上以小胜大，以弱胜强。

布鲁斯还认为，大象（大公司）的体积越大，猴子（小公司）的胜算就越大。面对强大的对手，小公司应该找准对手的弱点，发挥自己的相对优势，在竞争中占据上风。

管理启示

竞争，是企业发展过程中永恒的主题。小型企业在实力、经验和稳定性上都无法与大型企业相比，在与大型企业直接和正面的竞争中，小型企业必会输多胜少。

毋庸置疑，大型企业的优势主要是规模效应，但其劣势是臃肿的机构和层级设置带来的反应迟钝和行动缓慢。小企业若能利用好自身决策快速和行动敏捷的优势，必然能在竞争中抢占有利地位。

在全面竞争的行业中，总会有若干巨头或者垄断型的大企业存在，也总会有无数小企业的存在，但这并不意味着巨头就一定能完全碾压小企业。正如在动物界中，虽有狮子和大象的存在，但是它们却不能把狼群或猴子置于死地。如果我们是"猴子"，那我们就应该发挥好"猴子"的优势，如此"动物界"必然有我们的一席之地。

古特雷定理

编者荐语

你现在正在做的是什么事情？

是什么触发你做现在在做的事情？

你做了这件事情之后，未来可能会走向何方？

没有一件事情是孤立的，每一件事情的发生都有其原因，每一件事情都有其发展的轨迹，每一件事情的发生也正在或即将触发相关事情的发生。

中国人比较相信前尘后世，相信因果报应，相信“我们均有三生三世的因缘”，这其实是在说事物的发展是有其轨迹的，有因就有果，有果必有因。

我们也相信“上帝为你关上一道门，就会给你打开一扇窗”。事物是在不停变化的，每一个变化都会带来另一个新的变化。我们应该基于当下关注未来，而不应该沉湎于过去，刻舟求剑。

基本释义

美国管理学家W. 古特雷提出，每一处出口都是另一处的入口，这被称为“古特雷定理”。换句话来说，古特雷定理告诉我们的是，上一个目标是下一个目标的基础，下一个目标是上一个目标的延续。

这一定理虽简单，却能给管理者无限启示，它要求管理者要不断发现和思考，引领企业永不停步，不断向前发展。

管理启示

企业有两类工作：一类是长期的规划和组织的管理工作；另一类是短期的项目或固定的例行工作。短期项目的安排在长期规划的基础上进行，而短期项目完成过程中的各种变化又影响长期规划的实现。

所以，长期规划和短期执行是紧密关联的。管理者和执行者需要密切沟通，随时做出矫正或调整，长期指导短期，短期推动长期，使企业内部的工作进程像齿轮一样转动，从而推动企业尽可能快速和直线发展。

除了企业整体的发展，古特雷定理还能就顾客开发和管理工作给我们带来启示，企业的发展有赖于顾客的存续和二次开发。在顾客开发和管理的工作中，我们应该意识到：每一次消费的结束，就是下一次消费的开始；我们为顾客进行每一次服务的结束，就是下一次服务的开始。

另外，管理者还应该考虑，我们的顾客的入口从哪里来，什么样企业的顾客的出口正好是我们的顾客的入口，而我们的顾客的出口又可以成为什么样的企业的入口，或者成为我们开辟另一项产品或服务的入口。如此一来，我们就能找到顾客开发和存续的多重渠道和多元方式，也才能整合企业的各项产品和服务，为顾客提供立体服务，同时及时发现客户的新需求，为企业新产品的开发找到方向。

马太效应

编者荐语

在生活中，你有没有发现：收入高的人，其收入将越来越高，收入低的人，其收入将越来越低；获得奖励越多的人，其获得的奖励会越来越多，而获得奖励少的人，其最后有可能成为被惩罚的对象；地位高的人，其地位将越来越高，地位低的人，其地位将越来越低；财富多的人，其财富将越来越多，财富少的人，其财富将越来越少……

这些都是生活中普遍存在的两极分化现象。从国家管理或社会公平的角度来说，我们应该减小贫富差距，或是“劫富济贫”，但是无论国家或社会施以何种手段，社会贫富差距总体上不断拉大的现象似乎总是无法避免。

不过，一些国家和富人群体，开始提出“裸捐”——将一生的财富再次回归社会，这其实是生命意识的提升，是人类进化的一种表现。

基本释义

马太效应（Matthew Effect），是指强者愈强、弱者愈弱的现象。马太效应被广泛应用于社会心理学、教育、金融以及科学领域。“马太效应”是社会学家和经济学家们的常用术语，反映的社会现象是两极分化，富者更富，穷者更穷。

马太效应源于圣经《新约·马太福音》中的一则寓言。

从前，一个国王要远行，临行前，其交给3个仆人每人一锭银子，吩咐道：“你们去做生意，等我回来时，再来见我。”

待国王远行归来时，第一个仆人说："主人，你交给我的一锭银子，我已赚了10锭。"于是，国王奖励他10座城邑。

第二个仆人报告："主人，你给我的一锭银子，我已赚了5锭。"于是，国王奖励他5座城邑。

第三个仆人报告说："主人，你给我的一锭银子，我一直包在手帕里，担心丢失，所以一直没有拿出来过。"

于是，国王命令将第三个仆人的一锭银子赏给第一个仆人，说："凡是少的，就连他所有的，也要夺过来；凡是多的，还要给他，让他'多多益善'。"

这就是马太效应，它反映了当今社会中存在的一个普遍现象，即赢家通吃，两极分化；强者愈强，弱者愈弱；富的更富，穷的更穷。

1968年，马太效应被美国科学史研究者罗伯特·莫顿提出。莫顿这样讲道："相对于那些不知名的研究者，声名显赫的科学家通常得到更多的声望。即使他们的成就是相似的，在一个项目上，声誉通常给予那些已经出名的研究者。"

罗伯特·莫顿归纳马太效应为，任何个体、群体或地区，在某一个方面（如金钱、名誉、地位等）获得成功和进步，就会产生一种积累优势，这种优势将使其拥有更多的机会，取得更大的成功和进步。

在公元前500年以前，这种规律就出现在中国哲学家老子的哲学思想中。老子曰："天之道，损有余而补不足。人之道则不然，损不足以奉有余。"马太效应正是老子思想中的"人之道"，而"天之道"可用国家整体意志来比喻，国家意志表现为削弱范围内强的个体，补足其他弱势个体，两者正好是既对立又统一。

理论延伸

虹吸效应

虹吸效应，又称"虹吸现象"，物理上原本是指由于液态分子间存在引力与位能差能，液体会由压力大的一边流向压力小的一边。由于管口水面承受不同的大气压力，水会由压力大的一边流向压力小的一边，直到两边的大气压力相等，容器内的水面变成相同的高度，水就会停止流动。所以，利用虹吸现象，我们可以毫不费力地将容器内的水快速抽出。

虹吸效应反映的是资源倾向于实现平衡，一旦不平衡，虹吸效应就会促使其实现平衡。相反，马太效应反映的是资源倾向于强者，而强者获得更多的资源后，将会变得更强，继而吸引更多的资源。如此循环，最终导致严重的不平衡。

虹吸效应更像是老子所讲的“天之道”——“损有余而补不足”，其更多地体现在自然界或人类社会，并使自然资源或人与人之间形成相对的平衡，而马太效应则更像是老子所讲的“人之道”——“损不足以奉有余”，其更多体现在权势和财富这些个体或组织竞争方面。在企业竞争领域，马太效应反映在某些企业在整个行业的垄断经营方面，这种垄断不是某个行业的偶然现象，而是大多数行业竞争的必然结果。

换个角度来说，虹吸效应如同人们所讲的“水往低处流”的自然之道或天之道，而马太效应则如同“人往高处走”的人之道。从这个角度来说，人之道与天之道本身就是背离的，要信奉人之道就不能信奉天之道，要信奉天之道就不能信奉人之道。

管理启示

马太效应揭示了资源的需求原理。对企业管理而言，要想在某一个领域保持优势，就必须在此领域迅速做大。因为马太效应对于领先者来说就是一种优势的累计，当你已经取得一定成功后，那就更容易取得更大的成功。强者总会更强，弱者反而更弱。强者随着积累优势，将有更多的机会取得更大的进步和成功。

如果你不想在自己所在的领域被打败的话，你就要成为这一领域的领头羊，并且不断地增强实力。当你成为领头羊后，即便你的投资回报率相同，你也能更轻易地获得比弱小的同行更大的收益。

当然，我们不可能生来就是竞争领域的强者，一旦发现我们的目标领域已经有强大的对手，就要另辟蹊径，找准对手的弱项和自己的优势，通过局部的不断获胜，在局部积累优势，进而强化整体优势，最终超越强者。

在品牌消费时代，马太效应的表现尤为明显。品牌在行业内的知名度越高，人才吸引力就越大，竞争力就越强，追随它的消费者就越多，其占有的市场份额就越大，品牌的价值就越高，品牌的议价能力和溢价空间就越大，赢利能力就越强，最终可能垄断整个行业市场。反之，品牌知名度越低，人才吸引力就越小，竞争力就越弱，追随它的消费者就越少，其占有的市场份额就越小，品牌的价值就越低，品牌的议价能力和溢价空间就越小，赢利能力就越弱，最终市场就被强者蚕食，走向倒闭。

所以，在商业领域，垄断是一个行业竞争的必然结果，和谐共处只是短期的表象，弱肉强食才是永恒的法则。

换句话说，在同一个领域，永远都有第一，一旦成为第一，你就会越来越强；而第二都是暂时的表象，一旦沦为第二，你就会越来越弱。

哈默定律

编者荐语

请大家思考以下问题：

（1）你的生意做得怎么样？

（2）你认为你所从事的行业生意好做吗？你做得怎么样？你是怎么做的？

（3）你的同行有把生意做得很好的吗？他们是怎么做的？

（4）你有主动向你的同行或跨行学习吗？你有主动寻找生意的突破口吗？

（5）你可以把现在的生意做得更好吗？你现在可以主动解决哪些问题？你觉得还有哪些方法可以去尝试？你觉得现在还有哪些机会可以去争取？

（6）当思考完上述问题之后，你觉得自己的生意还可以做得更好吗？还是觉得自己的生意更加没有指望了？

基本释义

哈默定律由美国著名企业家、西方石油公司前董事长犹太人阿曼德·哈默提出。哈默认为，天下没有做不好的生意，只有做不好生意的生意人。

哈默的这一观点对新近生意失败的人来说，似乎是一种“落井下石”，不过也可能是一种“醍醐灌顶”的刺激，让我们重新反省生意经营的过程，从中找到失败的原因，找到问题的根本所在，从而重新开始。因为“天下没有做不好的生意”嘛，“办法总比困难多”，总有方法可以把我们的生意做得更好。

理论延伸

两则故事

有两则故事，可以作为哈默定律的佐证案例。一则是在销售人士中流传较广，也因为流传较广被过度解释或曲解而被人们褒贬不一的，就是“向和尚卖梳子”的故事；另一则是“国王求千里马”的故事。

1.“向和尚卖梳子”的故事

在“向和尚卖梳子”的故事中，招聘方为了考验前来应聘的销售人员，便给他们一天的时间去向和尚推销梳子。不少应聘者见了这个怪题后很生气，说“和尚怎么会买梳子”，都觉得这是故意捉弄人，于是拂袖而去，最后只剩下了三个应聘者想试一试。

第一位应聘者拿着梳子到几家寺院简单推销，一整天也没卖掉一把。在下山时见到一个小和尚一边晒太阳一边挠着又脏又硬又痒的头皮。他见状忙送上一把梳子，小和尚用后很高兴，当即买下。

第二位应聘者去了一座较大的寺庙，他见这座庙山高风大，前来烧香叩头者的头发被风吹得乱七八糟。他灵机一动找到方丈说，你看进香朝拜者蓬头散发，这是对佛的不敬。寺院应该在香案上摆着梳子，供虔诚的人梳头。方丈一听觉得在理，于是为10个庙门的香案买了10把梳子。

第三位应聘者最有心计，他找到一座闻名遐迩、香火旺盛的宝刹对方丈说：这么多心诚的朝拜者，又购票又买香还捐功德，方丈如果对这些善男信女有所馈赠，定能温暖人心，招来更多的香客。再说方丈您的书法超群，可以在梳子上题写“积善梳”三个字，让人们带着题字梳将佛教的真善美广传天下。方丈听后大喜，当即买梳1000把，并同卖梳者一起举行了向香客赠梳仪式。于是，宝刹向香客赠梳施善之事不胫而走，香客纷至沓来，宝刹香火越来越旺。

结果不用说，该公司录用了第三位销售人员。

2.“国王求千里马”的故事

“国王求千里马”的故事出自《战国策·燕策》中的《燕昭王求士》一文。

文中这样讲道，在公元前314年，燕国发生了内乱，临近的齐国乘机出兵，占领了燕国的部分领土。燕昭王当了国君后，消除了内乱，决心招纳天下有才能的人振兴燕国，夺回失去的土地。虽然燕昭王有这样的号召，但并没有多少人投奔他。于是，燕昭王就去向一个叫郭隗的人请教如何才能得到贤良的人。

郭隗给燕昭王讲了一则故事：从前有一位国君，愿意用千金买一匹千里马。可是三年过去了，千里马仍没有买到。这位国君手下有一位平日毫不出众的谋士，自告奋勇请求去买千里马，国君同意了。这个人用了三个月的时间，打听到某处人家有一匹良马。可是，等他赶到这户人的家里时，马已经死了。于是，他就用500金买了马的骨头，回去献给了国君。国君看了用很贵的价钱买的马骨头，很不高兴。该谋士却说，我这样做，是为了让天下人都知道，大王您是真心实意地想出高价钱买马，并不是欺骗别人。果然，在接下来不到一年时间，就有人送来了三匹千里马。

郭隗讲完上面的故事后，对燕昭王说：“大王要是真心想得人才，也要像买千里马的国君那样，让天下人知道您是真心求贤。您可以先从我开始，人们看到像我这样的人都能得到您的重用，比我更有才能的人就会来投奔您。”燕昭王认为有理，就拜郭隗为师，还给他优厚的俸禄，并让他修筑了“黄金台”，作为招纳天下贤士人才的地方。

消息传出去不久，果然一些有才干的名人贤士纷纷前来，表示愿意帮助燕昭王治理国家。经过20多年的努力，燕国逐渐强盛起来，终于打败了齐国，夺回了被占领的土地。

管理启示

“生意是做出来的”，就像“路是人走出来的”一样。总有企业家或经济学家这样说，不是现在的经济气候或者你的行业不景气，只是你的企业不景气而已。因为任何时期，任何行业，都有业绩高涨、繁荣发展的企业，也有营业惨淡、经营倒闭的企业。

所以，当我们的生意不好做的时候，可能需要反省一下是经济和行业真的不好，还是只是我们自己不好。对于懂得经营的生意人来说，是不可能有做不好的生意的。

经营生意，重在对市场信息的掌握、研究与洞察，以及实干与坚持，优秀的生意人，一定是在这三方面超越了同行；而拙劣的生意人，一定是在这三个方面的哪些方面疏漏了。

快鱼法则

编者荐语

竞争的本质是什么？

简而言之，竞争的本质就是对有限资源的争夺和占有。对于企业来说，竞争的胜负，具体体现在市场份额占有和企业利润大小等方面；对于个人来说，竞争的胜负，具体体现在个人业绩的高低和收入的多少等方面。

那么，决定竞争胜负的关键又是什么？

决定竞争胜负的关键主要是速度和力量。在当今，合作共赢已经成为基本的共识，力量都是可以整合或聚合的，从而力量已经不再是竞争胜负的主要问题，速度成为竞争胜负的唯一关键。

其实，就算是在自然竞争中，大多时候也并不是以力量取胜，而是以速度取胜。即使是靠力量获胜，其必要的前提也是速度。比如，如果猎豹追不上羚羊，猎豹的力量是没有任何意义的。力量只有在不考虑速度的前提下才有意义，就如一群豺狗和猎豹在争抢同一个已经死亡的猎物时，猎豹只能甘拜下风一样。

基本释义

快鱼法则，一般是指“快鱼吃慢鱼”。思科前CEO钱伯斯在谈到新经济的规律时说，现代竞争已“不是大鱼吃小鱼，而是快的吃慢的”，这就是快鱼法则。

钱伯斯认为，“在互联网经济下，大公司不一定打败小公司，但是快的一定会打败慢的。互联网与工业革命的不同点之一，就是你不必占有大量资金。哪里有机会，资本就会很快在哪里重新组合。速度会转换为市场份额、利润率和经验。”

“快鱼吃慢鱼”强调企业对市场机会和客户需求的快速反应，但并不是追求盲目扩张和仓促出击。正好相反，真正的“快鱼”追求的不仅仅是“快”，更是“准”，因为只有准确把握市场的脉搏，了解未来技术或服务的方向后快速出击，才是必要和有效的。

管理启示

在信息时代和移动互联时代，信息的传播速度非常快，信息鸿沟已在逐渐消融，信息近乎透明化。这对我们获得信息并对信息做出反应的速度要求很高，在今天，“机会转瞬即逝”这一夸张说法变得异常现实。

中国有一句话，叫“天下武功，唯快不破”，小米公司的雷军也将“快”作为公司经营的“七字诀”之一。在今天，市场竞争节奏加快，消费者的喜好变化也非常快，因此无论是产品设计还是营销方式都必须追求快速应变。

在过去，我们可以花10年去打赢一场战争。但是在今天，我们必须每个月都要打赢当月战争，甚至每天都要打赢当天战争。如此，才有可能活到下一年。

另外，快鱼法则不仅表现在企业和企业的竞争中，在企业内部的人员竞争中，“快鱼吃慢鱼”依然是通行法则。反应敏捷和行动快速的员工会在工作效率上远超其他员工，这就是企业的“快鱼”；而企业的“慢鱼”必然效率低下，业绩差劲，也就成为被企业淘汰的角色。

在“快者为王”的时代，速度已成为企业和人才生存的基本法则。正如非洲大草原上的动物们一样，从太阳升起的那一刻，就必须懂得极速奔跑：如果狮子的速度跟不上羚羊，它就会饿死；而羚羊的速度超不过狮子，它必然会被吃掉。

2

组织战略篇

酒井法则

编者荐语

人才是企业的核心，拥有卓越人才的企业才可能成就企业的卓越。

我们常常说，什么样的创始人成就什么样的企业。那么由此可以推断，什么样的企业，它的内部就一定有什么样的员工。

很多企业非常努力地招聘人才，但是却收效甚微；很多人才非常努力地想进入某一家企业，但是企业的岗位却非常稀缺。作为企业的管理者，我们应该怎么做才能避免成为前一种企业，而成为后一种企业呢？企业管理者在人才招募这一问题上应该如何考虑呢？

基本释义

酒井法则由日本企业管理顾问酒井正敬提出，他在人才招募这一问题上这样讲道：企业与其在招工时用尽浑身解数，使出各种方法，不如专心使自身成为一个好公司，这样人才自然会会集而来。

一个企业在人才缺乏和人才流失时，往往将压力和责任推给人力资源部门，而不将目光转移到企业本身，不看看是不是因为企业本身存在一定的问题，才导致了人才的缺乏和流失。因为真正吸引人才和让人才留住的是企业本身，而不是招聘的技巧。

管理启示

作家三毛在随笔中写道，“你若盛开，清风自来”。这原是指女孩子不必慌于渴求人生伴侣，而应该努力让自己变得优秀；当我们优秀了，自然能吸引到优秀的伴侣。

同样，如果企业本身是优秀的，它自然也具有吸引优秀人才的魅力；如果企业本身是被人不齿的，那么其人力资源部门即使再怎么努力，也很难招募来优秀的人才。

正如“人往高处走，水往低处流”“良禽择木而栖，良臣择主而事”所言，通常来说，优秀的人才一定是向优秀的企业会聚，只有拙劣的人员才会走向拙劣的企业。也就是说，即使企业通过各种方法和手段招募到优秀的人才，如果企业本身不够优秀的话，优秀人才也会抛弃这些企业，去往更优秀的企业。由此可见，如果企业本身对人才没有吸引力，那企业招募到的人才也会很快流失。

所以，当企业的人才流失率上升时，一定是企业本身出现了严重的问题。企业管理者应该优化企业层面，而不是通过新员工的不断引进来掩盖问题的本质。

查理·芒格有一句经典名言：如果你想拥有一件东西，最好的办法就是让你自己配得上它。这句话给管理者的启示就是，如果企业想要拥有优秀的人才，那唯一的办法就是让自己成为一家优秀的企业，如此才配得上拥有优秀的人才；同样，如果我们想进入一家优秀的企业，那唯一的办法就是让我们自己成为优秀的人。

奥卡姆剃刀定律

编者荐语

奥卡姆剃刀定律是管理学上的经典定律，管理者应当时刻牢记此定律。

在今天，企业组织越来越庞大，企业所面临的环境也越来越复杂，互联网信息越来越多甚至过剩，相关的企业管理知识也越来越丰富，管理者一不小心就会掉进“繁复化”的陷阱和旋涡，并极易导致管理者利用手中的权力将企业组织和企业事务变得复杂或重复。

如何才能避免陷入“繁复化”的旋涡呢？奥卡姆剃刀定律早就给了我们答案。

基本释义

奥卡姆剃刀定律由14世纪的逻辑学家、圣方济各会修士奥卡姆的威廉（William of Occam）提出。

这个原理称为“如无必要，勿增实体”（Entities Should not be Multiplied Unnecessarily），即“简单有效原理”。正如《箴言书注》中说到的，“切勿浪费较多东西，去做用较少的东西同样可以做好的事情”。

这个定律的要义可追溯到亚里士多德的“自然界选择最短的道路”。换个角度来看，奥卡姆剃刀定律也可被视为“吝啬定律”（Law of Parsimony），或者“朴素原则”。

管理启示

在竞争当中，时间和精力是最稀缺的资源，管理者的时间更加有限，但许多终日忙忙碌碌的管理者却鲜有成效，究其原因正是缺乏简单管理的思维和能力，分不清“重要的事”与“紧迫的事”。这样的管理者是低绩效或失败的管理者。从这个意义上讲，管理之道就是简化之道，简化才意味着对事务的真正掌控。

今天，奥卡姆剃刀定律向复杂的企业管理发出了挑战。在生活中，我们常说不要无事找事，但在企业中我们正在被自己制造的麻烦压垮：我们的组织正在不断膨胀，制度越来越烦琐，文件也越来越多，但效率却越来越低。因此，我们应该时时刻刻紧握“奥卡姆的剃刀”，随时随地“剃掉”那些不必要的人员和事务。

“复杂化”是一种思维惯性，“简单化”也是一种思维惯性。爱因斯坦说：“如果你不能改变旧有的思维方式，你就不能改变你所面临的状况。”那么，当你拿起“奥卡姆剃刀”时，相信你所面临的状况也会发生改变。

磨合效应

编者荐语

在工作中，你有能与之完美配合的工作伙伴吗？

你的上司、下属或其他协助部门的同事，能和你步调一致吗？

在企业中，绝大部分工作都不是一个人能够完成的，我们必须和其他同事合作，齐心合力完成任务。

通常，我们很少会碰到一上来就能够愉快合作的经历，大多工作伙伴在合作之初都会存在观念分歧、沟通不畅、认知不协调、标准不同以及节奏不一致等问题，只有在合作与配合过程中，经过互相之间不断地碰撞、争论、坚持与妥协，才能将任务顺利完成。

所以，所有新群体内部，摩擦一定是常态，而融合只是一个结果。

基本释义

磨合效应（Running-in Effect）是来自机械设备的基本原理。通常新组装的机器都需要通过一定时期的使用，把摩擦面上的加工痕迹磨光，各部件之间才会变得更加密合，整部机器才运行得更加流畅，能量更省，效率更高。

机器的各个零（部）件被组装在一起，它们之间就形成了相互依赖的关系。在相互依赖的关系中，每个零（部）件必须通过磨合，共同消除阻挠这部机器运行的任何内力和外力。比如，新车在刚开始驾驶时，都有一个磨合期。在磨合期中，汽车不能急刹，不能急动，速度不可过快，平稳缓慢地运行有助于汽车的各个零部件相互协调。磨合好的车，日后就比较耐用，性能也更好。对于一个组织来说，也是同理。

磨合意味着所有个体之间要达到完美的契合，彼此都必须做出一定的割舍。在群体心理学中，人们把新组建的组织群体相互之间经过一段时间磨合而产生更加协调契合的现象，称为“磨合效应”。从最小的群体来说，朋友、恋人或夫妇之间要想相处好，也需要磨合，彼此也都要做出必要的割舍。

理论延伸

将相和

战国时期，赵国的廉颇和蔺相如，前者是有赫赫战功的武将，后者是足智多谋的文臣。廉颇对以口舌之劳建功且位居其上的蔺相如颇为不满，声称见面时一定要羞辱对方。蔺相如闻知此事后，便想方设法躲避廉颇。

时间长了，蔺相如身边的侍从非常不平。蔺相如劝慰大家说：“在诸位看来，廉将军和秦王哪个更厉害、更可怕？在秦国的大堂上，我敢大声地呵斥秦王，也敢羞辱他的群臣，怎么会在自己的国家里害怕廉将军呢？我不过是顾忌强大的秦国之所以不敢轻易兵犯赵国，是因为赵国尚有廉将军和我同在。如果我们两个人争斗起来，势必两败俱伤，给秦国以可乘之机。因此，我只能先考虑国家的安危，而后才能思虑个人的恩怨。”

不久，这番话传到了廉颇那里，他感到十分惭愧和内疚，于是脱去上衣，背缚荆条，登门请罪。两人终于和好，结为“刎颈之交”。

可以说，从“将相不和”到“将相和”，就是个体之间的磨合过程。我们应该积极地看待彼此的“不和”，从中寻找“和”的共同需求点，从而实现“和”。

其实，所谓“君子和而不同”，也是这样的道理。作为理性和积极的职场人士（君子），我们应该尽量收敛或弱化自己的“不同（差异）”，积极寻求和实现彼此之间的“和（和谐）”，以实现组织共同的目标。只有组织目标得以实现，我们才有可能实现个人的目标。

管理启示

为什么会产生磨合效应呢？其主要原因如下。

一是新群体的摩擦作用。新组成的群体，其每一个体相互间都是陌生的，互不了解对方的特点，因而在新的群体中难免会发生一些磕磕碰碰的事情。经过一段时间的摩擦，相互间有了一定了解，在发生摩擦时能够相互谅解，并逐步适应对方，也就适应了新的群体。

二是新群体的沟通不善。一个新群体中，所有的个体间相互都是陌生的，而每一个个体平时习惯了的沟通方式会经常自觉不自觉地表现出来。这种沟通方式也许对方很不喜欢、很不适应，碍于不熟，因此就压抑下去，但经常性的沟通，又导致经常性的压抑，从而导致心理冲突，冲突的最佳结果就有可能是磨合效应。

三是新群体构成要素的复杂性。一般来说，新群体构成要素越复杂，其摩擦程度就越大，磨合期就越长，磨合效应就越不易产生。磨合期总要经过物理磨合、化学磨合、生物磨合三个阶段，才会真正产生磨合效应。

可见，在一个新群体的组合阶段，必然少不了矛盾和摩擦。我们应该理解这一过程，并积极推动磨合效应的实现，切忌因为暂时摩擦带来的不痛快，而拒绝磨合的推进。相对于磨合来说，团队整体或个体之间的长期疏离或冲突，才是对团队的最大伤害，也非理性和积极的组织行为。

氨基酸组合效应

编者荐语

氨基酸组合效应（Effects of Amino Acid Composition）是生物学上的概念，在解释这种效应之前，我们可以举一个生活中常见的例子。

请问一个拼图到底需要多少块单片才算完整？答案是全部的单片。只要缺少了一块单片，这个拼图都是不完整或者没有拼装成功的。

这说明了什么道理呢？

基本释义

氨基酸组合效应是指组成人体蛋白的八种氨基酸，只要有一种含量不足，其他七种就无法合成蛋白质。

成人体内有八种最主要的氨基酸，即缬氨酸、异亮氨酸、亮氨酸、苯丙氨酸、蛋氨酸（甲硫氨酸）、色氨酸、苏氨酸、赖氨酸，这八种氨基酸会共同合成蛋白质，也就是组成人体组织细胞的最基本成分。人类是靠这八种氨基酸生存的，但是人体又不会自行合成这八种氨基酸，必须从食物中摄取。组成人体蛋白的这八种氨基酸，只要有一种含量不足，其他的七种就无法合成蛋白质。

氨基酸组合效应阐释了一个非常简单的道理，即当“缺一不可”的时候，“一”就是“一切”。

管理启示

企业发展是一个整体的系统，管理者必须进行全盘统筹，必须认识到每个要素的重要性，不能厚此薄彼。如果主观忽视某一个环节或要素的存在，最后必定满盘皆输。

同样，对于一个产品或项目来说，都有关键的模块，每一个模块都必须整体统筹。任何一个不完整的产品，都是一个失败的产品；任何一个不完整的项目，都是一个失败的项目。

帕金森定律

编者荐语

你认为你是一名称职的管理者吗？

在你的下属中，你认为有在整体或者某些方面远胜于你的人吗？你认为他们的优势都得到全面发挥了吗？

你会允许你的下属有一天在职位上超越你吗？你会设法阻止他们超越你吗？

换个角度来说，你认为你的上司或公司高层领导称职吗？你认为他们的无能之处体现在什么地方？如果你替代了他们，你会在哪些方面比他们做得好？

你们公司存在机构臃肿和形式化严重的问题吗？如果有，你认为其根本原因是什么？

如果你打算对自己管理的部门或者整个公司进行“精兵简政”，你会怎么做？

基本释义

帕金森定律（Parkinson's Law）是官僚主义或官僚主义现象的一种别称，被称为“二十世纪西方文化三大发现”之一，另外两大发现是墨菲定律和彼得原理。

帕金森定律也称“官场病”“组织麻痹病”或者“大企业病”，源于英国著名历史学家诺斯古德·帕金森1958年出版的《帕金森定律》一书。此书出版后，被翻译成多国语言，曾长期占据美国畅销书排行榜榜首。

帕金森定律常常被人们转载传诵，用来解释官场的形形色色。帕金森在书中形象地阐述了机构人员膨胀的原因及后果：

一个不称职的官员，可能有三条出路：第一是申请退出岗位，把位子让给能干的人；第二是让一位能干的人来协助自己工作；第三是任用两个水平比自己更低的人当助手。

第一条路是万万走不得的，因为那样会丧失许多权力；第二条路也不能走，因为那个能干的人会成为自己的对手；这样看来只有第三条路最适宜。

于是，两个平庸的助手分担了他的工作，他自己则高高在上发号施令，他们不会对自己的权力构成威胁。两个助手既然无能，他们就上行下效，再为自己找两个更加无能的助手。

如此类推，就形成了一个机构臃肿，人浮于事，相互扯皮，效率低下的领导体系。

帕金森由此得出结论：在行政管理中，行政机构会像金字塔一样不断增多，行政人员会不断膨胀；虽然每个人都很忙，但组织效率越来越低下。因此，这个定律又被称为“金字塔上升”现象。

理论延伸

帕金森定律相关

帕金森定律还是一个时间管理的概念。帕金森发现，人做一件事所耗费的时间差别很大。只要执行任务的人还有时间，工作就会被不断扩展，直到用完其所有的时间。

帕金森在其著作《帕金森定律》中讲了一位老太太寄明信片的故事。一位老太太要给侄女寄明信片，她用了1个小时找明信片，又用1个小时选择明信片，找侄女的地址又用了30分钟，又用1个多小时来写祝词，决定去寄明信片时是否带雨伞又用去20分钟。做完这一切，老太太劳累不堪。同样的事，一个工作特别忙的人可能花费5分钟或在上班的途中就顺手做了。

帕金森认为，工作会自动占满一个人所有可用的时间。如果一个人给自己安排了充裕的时间去完成一项工作，他就会放慢节奏或者增加其他项目以便用掉所有的时间。工作膨胀出来的复杂性会使工作显得很重要，在这种时间弹性很大的环境中工作并不会感到轻松。相反，会因为工作的拖沓和膨胀而苦闷、劳累，从而精疲力竭。

帕金森还发现，在一个组织中，机构和人员的增加并不完全来自现实工作的需要，而是有它自身的需要，有它自身的法则。管理活动本身会制造工作，增加人手会制造出功能重叠、互相扯皮的管理体系，从而使工作目标不明确、不紧凑，进而导致工作效率低下。

这是帕金森定律中最著名的阐述，可概括为“雇员数量和实际工作量之间根本不存在任何联系”。

管理启示

帕金森定律说明这样一个道理：不称职的行政首长一旦占据领导岗位，庞杂的机构和过多的冗杂便不可避免，庸人占据着高位的现象也不可避免，整个行政管理系统就会形成恶性膨胀，陷入难以自拔的泥潭。

通常来说，企业的竞争力来自团队的竞争力。一个无能的领导者意味着一个无能的团队，而一个无能的团队则意味着一家无能的企业。人力资源部门应针对管理者制定激励机制，推动对管理者的考核；同时实行精兵简政，让精干者留下，让冗余者离开。

可以想象，当我们被一位无能的领导者管辖时，我们是非常痛苦的，长期下来，我们将被无能的管理者拖垮、同化和吞噬，最后变成和他一模一样，甚至比他还无能的人。最明智的做法是，在我们发现他无能的第一时间，毅然离开。相反，如果我们已经身居要职或高位，我们应该向更优秀的人学习，不断吸引优秀的人才加入我们的团队，并发挥他们的特长，成为推动大家构建最有竞争力团队的助推剂。

学习别人的长处以增强自身的能力，同时发挥他人的长处为己所用，如此才是一名管理者的智慧所在。同时，要随时随地审视我们的组织和人员编制，警惕帕金森定律的负面效应，尽可能组建最精简的机构。要永远围绕任务构建组织，而不是围绕组织布置任务。

彼得原理

编者荐语

“晋升”是个人在职场中无法回避的一个词。

在职场，晋升意味着薪水的提高、地位的提高、权力的增大，也意味着机会的增多。所以，很少有人不去争取获得晋升。

然而，对于管理者来说，提拔一位员工就会带来人事结构的变动，这种变动可能会给企业带来好处，但也可能带来不好的结果。

基本释义

彼得原理（The Peter Principle）是美国学者劳伦斯·彼得（Dr. Laurence Peter）在对组织中人员晋升的相关现象进行研究后得出的一个结论，即在各种组织中，由于习惯于对在某个等级上称职的人员进行晋升提拔，因而雇员总是趋向于被晋升到其不称职的地位。

由彼得原理可得出一个推论，即每一个职位最终都将被一个不能胜任其工作的员工占据，而层级组织的工作任务多半是由不胜任该阶层的员工完成的。

彼得原理有时也被称为“向上爬理论”，这种现象在现实生活中无处不在。例如，一名称职的教授被提升为大学校长后无法胜任，一个优秀的运动员被提升为主管体育的官员后却无所作为。

对一个组织而言，一旦相当部分人员被推到其不称职的级别，就会造成组织人浮于事，效率低下，发展停滞。将一名员工晋升到一个无法很好发挥其才能的岗位，不仅不是对本人的奖励，反而使其无法很好地发挥才能，甚至给组织带来损失。

管理启示

彼得原理道破了所有阶层制度之谜。一切层级制度组织，如商业、工业、政治、行政、军事、宗教、教育各界，都适用彼得原理。

产生彼得原理的一个重要原因，是我们提拔雇员往往主要依据他们过去的工作业绩和能力，而员工晋升之后，他的工作和职责就发生了变化，他原有的技能和特长并不一定能在新的职位上得以发挥。如此一来，非但他不能带领好一个团队，反而使组织在原有岗位上失去了一个优秀的人才。

管理人员的聘用方式有两种：一种是内部提拔，即彼得原理面临的状况；另一种是职业经理人“空降”。无论是哪种状况，都应该根据职位所需的能力聘用，而不是把他在原有岗位上的业绩表现作为评判标准。

很多优秀的人才暂时的不优秀，并不一定是他的能力和努力程度的问题，而可能是他喜好和擅长的并不能在当下的岗位上得以发挥。

所以，人才晋升的体制应该是多元、灵活和有针对性的，而非单一地依据员工在现有岗位上的业绩表现。

同样，对于员工个人来说，在职业发展的道路上，我们的职场目标不应该是单一的晋升。与其在一个无法完全胜任的职位上勉力支撑无所适从，还不如找一个自己游刃有余的岗位好好发挥专长。

倒金字塔管理法

编者荐语

管理永远是一项复杂的工作，管理的根本目的是实现企业既定的目标，而管理应该是灵活和可变的。

根据企业业务开展的形式，可以设计相应的管理体系和机制。在竞争中，优秀的企业并不是凭借市场上都能获得的资金、技术和人才获胜，而是凭借企业内部独有的管理或运行机制出彩。

优秀的管理者总能设计卓越的管理机制，然后强有力地去推行。只有这样，企业所获取的资金、技术和人才才能产生最大的合力。

基本释义

倒金字塔管理法（Pyramid Upside Down）最早由瑞典北欧航空公司（SAS）前总裁杨·卡尔松提出。

在20世纪70年代末，当杨·卡尔松来到北欧航空公司时，公司一片萧条，人心惶惶，员工不知道公司会走向何处。卡尔松利用3个月的时间，在仔细研究了公司的状况后，向所有员工宣布，他将推行全新的管理方法，并将之命名为“Pyramid Upside Down”，即倒金字塔管理法，也称“倒三角管理法”。

传统的管理构架：最上层为决策者、总经理；中间层为中层管理者（部门经理，车间主任等）；最下层为一线工作人员，也叫“政策的执行者”。

倒金字塔构架：最上层为一线工作人员（卡尔松将其称为“现场决策者”）；中

间层为中层管理者；最下层为总经理、总裁（卡尔松将自己称为“政策的监督者”）。

之所以提出倒金字塔管理法，杨·卡尔松有几个假设：

（1）人人都想确信并感觉到他是别人需要的人。

（2）人人都希望被作为个体来对待。

（3）给予一些人承担责任的自由，可以释放出隐藏在他们体内的能量。

（4）任何不了解情况的人是不能承担责任的；反之，任何了解情况的人是不能回避责任的。

倒金字塔管理法的总体方针是“给予一些人承担责任的自由，可以释放出隐藏在他们体内的能量”。在北欧航空公司采用这种方法三个月之后，公司的风气就开始转变。它让员工感觉到，我是现场决策者，我可以对我分内的事情做出决定，有些决定不必报告上司。它把权力、责任同时下放到员工身上，而卡尔松作为政策的监督者，他负责对整体进行监督和推进。

管理启示

倒金字塔管理法之所以在北欧航空公司取得巨大成功，正如美国IBM前总裁罗杰斯所指出的，将传统金字塔组织图形倒过去，使最基层的员工处于至高无上的地位，以此来激起他们的积极性。这是治理层尊重员工最简单的方法，也是企业取得最大利益行之有效的方法。

倒金字塔管理法能激发员工的工作热情。员工一旦受到信任与重视，就会为企业发展提出好的建议，就会使自己甚至整个企业的工作效率大大提高。

对近些年在中国兴起的“海底捞”现象，很多专家都做了解析。大多专家认为海底捞的成功是服务的成功，其实海底捞的成功应该总结为倒金字塔管理法的成功。

在今天，服务业应该多学习倒金字塔管理法，最大限度地发挥一线员工的主观能动性和创造力，提高在服务环节的问题解决效率，从而实现更高的客户满意度。

艾奇布恩定理

编者荐语

一家公司到底应该做多大?

一家公司到底应该聘用多少员工?

研究者发现，最佳的团队一般由7到11人组成，超过11人的团队，就需要进行分级管理。

对于一家公司来说，当CEO无法和基层员工进行互动的时候，这样的公司就需要重新考虑一下发展问题了。

基本释义

英国史蒂芬·约瑟剧院导演亚伦·艾奇布恩（Archer Boone）提出，如果你遇见员工而不认得，或忘了他的名字，那你的公司可能就太大了点。这一说法被人们称为“艾奇布恩定理”（Archer Boone Theorem）。

艾奇布恩定理指的是公司的员工规模问题。一家公司的员工规模到底应该有多大，这是没有定数的，艾奇布恩提出的是“公司规模以相互间不陌生为原则”。

管理启示

艾奇布恩定理，是指摊子一旦铺得过大，你就很难把它照顾周全。经营管理企业，小有小的好处，大有大的难处。企业在做大过程中，难免遇到管理瓶颈。

企业的规模化会带来规模经济效应，但是也会带来执行力下降和竞争力下降的问题。企业所属的行业不同，组织的最佳规模也会不同。企业应该寻求一个最佳点，而不是盲目扩大规模。

管理者不认识员工有什么问题呢？如果领导眼里没有下属，下属眼里就会没有工作和责任。杰克·韦尔奇是一位伟大的管理者，他认为自己最大的成就是关心和培养人才。韦尔奇说道："我们所能做的是把赌注押在我们所选择的人身上。因此，我的全部工作就是选择适当的人。"他说他至少能叫出1000名通用电气高级管理人员的名字，他知道他们的职责，知道他们在做什么。

伟大的人与平凡的人有很多不同之处，其中有一点是，伟大的人记住了上千个平凡人的名字，而平凡的人却记下了成千个伟人的名字。

活力曲线管理法

编者荐语

你会对自己的员工进行分类吗?

什么样的员工是你眼中最优秀和最想留住的员工?

什么样的员工是你眼中最糟糕和最想清除的员工?

什么样的员工是你计划激励或培养的员工?

不可否认，员工都是不尽相同的，员工的态度和能力不同，业绩表现也不同，企业不应该对所有人都一视同仁。企业是一个竞争型的组织，需要以最小成本聚合最具有竞争力的人才共同参与市场竞争。企业中需要争取什么样的人，需要培养什么样的人，需要留住什么样的人，需要清除什么样的人，这是管理者必须思考的问题。

基本释义

活力曲线（Vitality Curve），也称“末位淘汰制”或“10%淘汰率法则”，由通用电气公司（General Electric Company，简称GE）终身荣誉CEO杰克·韦尔奇提出，目的在于通过竞争淘汰来发挥人的极限能力。

杰克·韦尔奇将员工划分为不同的类别，然后严格地加以区别对待。这正是韦尔奇所推崇的“活力曲线”，这一曲线被认为是给GE带来无限活力的法宝之一。

活力曲线以业绩为横轴，以组织内达到这种业绩的员工的数量为纵轴。利用下面的这张正态分布图，你将很容易区分出业绩排在前面的20%的员工（A

类）、中间的70%的员工（B类）和业绩排在后面的10%的员工（C类）。

A类员工：该类员工是激情满怀、勇于负责、思想开阔、富有远见的一批员工，他们不仅自身充满活力，而且有能力带动自己周围的人提高企业的生产效率。是否拥有这种激情，是A类员工与B类员工的最大区别。

B类员工：该类员工是GE的主体，他们具有正确的价值观。GE投入大量精力提高B类员工的水平，部门经理的主要工作之一就是帮助B类员工成为A类员工，而不仅仅是任劳任怨地实现自己的能量和价值。这就是绩效管理的魅力。

C类员工：该类员工是不能胜任自己工作的人，他们更多是打击别人，而不是激励；他们容易导致目标落空，而不是使目标实现。作为管理者，不能在C类员工身上浪费太多时间。

这种评估组织内人力资源的方法，韦尔奇称之为“活力曲线”。

韦尔奇指出，在GE，最好的20%必须在精神和物质上受到爱惜、培养和奖赏，因为他们是创造奇迹的人。失去一个这样的人就要被看作是领导的失误——这是真正的失职。当然，最好的20%和中间的70%并不是一成不变的，人们总是在这两类之间不断地流动。但是，“依照我们的经验，最后的那10%往往不会有什么变化。一个把未来寄托在人才上的公司必须清除那最后的10%，

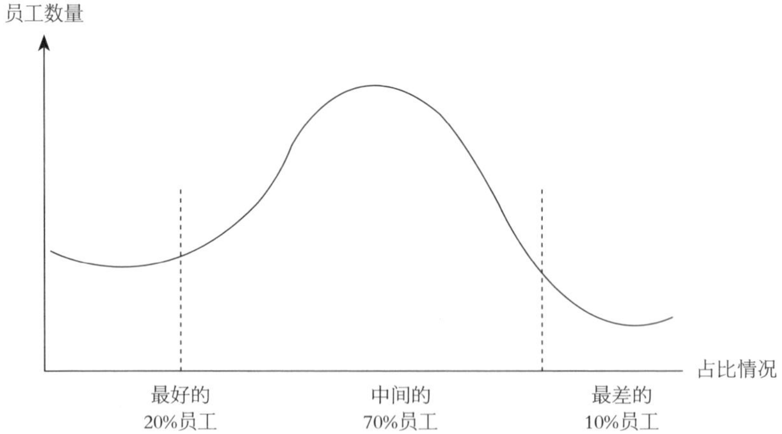

韦尔奇“活力曲线”图

而且每年都要清除这些人，只有如此，真正的精英才会产生，才会兴盛”。

管理启示

我们是想带着一群没有战斗力还随时想着撤退的士兵作战，还是想带着一群战斗力强且热情高涨的士兵作战？

毋庸置疑，正常的军队统帅都需要一支战斗力强和热情高涨的队伍。如何才能拥有这样的一支队伍呢？这需要统帅日常对队伍的不断培养和优化。

要应用好活力曲线管理法，管理者必须做好以下几个方面的工作：

（1）管理者应该及时奖励最优秀的20%，这不仅是对他们表现的肯定，也是在对其他员工做出示范。

（2）管理者应该不断培养和优化表现中等的70%，激发他们的热情和潜力，让他们在未来表现得更好，争取成为未来的那20%。

（3）管理者应该在符合法律的前提下主动放弃最差的那10%，定期进行清理，以免影响整体的状态和表现。

（4）管理者应该建立长期的人才机制，让优秀的20%与企业长期发展。

实行活力曲线管理法，一方面，在对20%的不断奖励下，会激发70%的员工积极进取的工作热情，使团队呈现不断上进的势头；另一方面，在“末位淘汰”的压力下，表现相对较差的人员就会充满危机感，至少会避免使自己成为那被淘汰的10%而努力。不管是中上部分主动的努力，还是中下部分被动的努力，都能提高团队的整体活力。

我们每天讲自然界的优胜劣汰法则，其实在商业竞争领域，优胜劣汰表现得尤为明显。每一个企业，都像在茫茫大海中行驶的小船，只有依靠自己的力量才能将我们带向彼岸。我们每个人既是划桨者，又是乘客，要想最快抵达彼岸，每个人都必须用尽全力。对那些不能尽力的人，正确的做法就是及时抛弃，如果不能对消极者“不仁”，那必将对积极者“不义”。

关于活力曲线管理法，还可以用农民种植庄稼的思维来对比。勤劳的农民每隔一段时间，就会拔除长势不好或多余的秧苗，并给茁壮的秧苗施肥、培土、浇水，以保证一定数量的长势好的秧苗获得足够的阳光和养料，只有这样最后他才能收获一片长势喜人、硕果累累的庄稼。可以说，不做定期的拔除和培养工作，就是农民的懒惰或过错。对于企业管理者也是同理。当然，当企业资源有剩余的时候，我们需要不断引入优良的人才进行培养，以补充企业的实力，就像当一片农田还有处空白的时候，需要不断种下优良的种子，以提高单产和收入。

苛希纳定律

编者荐语

1加1等于多少？

这是世界上最简单的算术题。从我们第一天开始学习算术时，我们就知道了1加1等于2。

但是1加1等于2，只是纯粹的数字上的加和计算。

对于企业管理来说，1个员工加1个员工等于2个员工，但是2个员工的工作效率会是1个员工工作效率的2倍吗？

管理大师彼得·德鲁克曾举过一个例子，在小学低年级的算术入门书中有这样一道应用题："两个人挖一条水沟要用2天的时间；如果4个人合作，要用几天完成呢?"小学生的回答是："1天。"如果作为一道单纯的算术题来讲，这样的答案当然是正确的，而且是唯一的。

但是，在管理学上，这却不一定正确。

基本释义

苛希纳定律是西方管理学中的一个经典定律，其提出者是著名的管理学家苛希纳。他所提出的观点是，在管理中，如果实际管理人员比最佳人数多两倍，那工作时间就要多两倍，工作成本就要多四倍；如果实际管理人员比最佳人数多三倍，那工作时间就要多三倍，工作成本就要多六倍。

苛希纳定律揭示了管理岗位的设置原则。它告诉我们，在管理岗位，并不是人多就好，一旦人数过多，工作效率就与人数成反比。对于管理岗位的设置，只有找到了一个最合适的人数，管理才能收到最好的效果。

苛希纳定律主要针对管理岗位的人员配置而言，但在某种程度上，它同样适用对公司某一个职位的人员配置。

“一个和尚挑水喝，两个和尚抬水喝，三个和尚没水喝”。每一个岗位或每一项职能，应该匹配最合适的人数；人员数量一旦超配，非但不会提高工作效率，反而会大幅降低工作效率。

理论延伸

相关法则

与苛希纳定律类似的，还有其他一些法则或民间故事。

1. 华盛顿合作定律

“一个人敷衍了事，两个人互相推诿，三个人则永无事成之日。”

2. 邦尼人力定律

“一个人一分钟可以挖一个洞，60个人一秒钟挖不了一个洞。”

3. 螃蟹定律

钓过螃蟹的人都知道，篓子中放一群螃蟹，就算不盖盖子，螃蟹也是爬不出来的。因为只要有一只想往上爬，其他螃蟹便会纷纷攀附在它身上，把它拉下来。因此，最后没有一只螃蟹能够爬出去。

这些定律都在说明一个道理，就是人才配置或人员精简的重要性。企业最悲哀的是不能人尽其才而浪费大量人力成本；同时，人才最悲哀的是不能发挥才能而始终郁郁不得志。

管理启示

苛希纳定律带给管理者的启示是简单而直接的，企业管理人员应该尽可能精简，只需要满足需求的基本人数即可。每个企业冗余的管理人员，只会带来工作效率的下降，导致企业成本的提高，降低企业的竞争力。

中国有一个成语叫“十羊九牧”，源于《隋书·杨尚希传》，原文是“所谓民少官多，十羊九牧”。寓意为“民少官多，人民被严重剥削，导致官员腐败，民不聊生”。

每家企业都必须以不断提高运营效率为目标，不断提高企业的市场竞争力，因此，必须铲除“十羊九牧”的现象，精兵简政，尽可能减少管理人员所占的比例，也尽可能设计最佳的人员数量和组织规模。

沃尔玛创始人山姆·沃尔顿有句名言：“没有人希望裁掉自己的员工，但作为企业高层管理者，却需要经常考虑这个问题。否则，就会影响企业的发展前景。”企业机构庞杂，人员设置不合理等现象，必然使企业官僚之风盛行，人浮于事，进而导致企业工作效率低下。要避免这些问题在企业内发生，就必须想方设法用最少的人做最多的事。

沃尔玛从开设第一家零售店开始，就很注重控制公司的管理费用。在当时，零售企业的平均经营管理费用是销售额的5%，但沃尔玛的费用标准只有销售额的2%，这就是沃尔玛真正做到天天平价，并一度成为全球规模最大的零售商的原因。

马云在一次演讲中有提到，阿里的员工是三个人干五个人的活儿，拿四个人的工资；而不是五个人干五个人的活儿，拿着没有竞争力的平均工资。

同样，如果一个人就可以挑水，为什么要用两个人来抬水呢？那如果有了三个人，是不是需要选一个人来做“主管”呢，那谁来做“主管”呢？谁又来制定选举“主管”的规则呢？谁又来监督这些规则的公正执行呢？谁又来对三个人做合理的绩效分配呢？

所有这些例子，都佐证了苛希纳定律带给人们的启示：一定要找到业绩目标和人员数量的最佳比例，一旦超出了最佳比例，带来的只会是效率的降低和成本的增加。

奥格威法则

编者荐语

身为管理者，我们应该选用和重用什么样的员工?

大卫·奥格威，被人们称为“现代广告教皇”，是美国奥美广告公司创始人，他以其自身创业和管理的经历，分享了奥美之所以能不断发展和壮大的真谛。

这一真谛，被管理专家总结为“奥格威法则”。

基本释义

奥格威法则（Ogilvy's Law）源于这样一个故事。

美国奥美广告公司创始人大卫·奥格威召开了一次董事会，在会议桌上，每个与会的董事面前都摆了一个俄罗斯套娃玩具，董事们面面相觑，不知何故。

大卫·奥格威说：“大家打开看看吧，那就是你们自己！”于是，他们一一把娃娃打开来看，结果出现的是：大娃娃里有个中娃娃，中娃娃里有个小娃娃。他们继续打开，里面的娃娃一个比一个小。

最后，当他们打开最里面的玩具娃娃时，看到了一张奥格威题了字的小纸条。纸条上写的是：“如果你经常雇用比你弱小的人，将来我们公司就会变成矮人国，变成一家侏儒公司。相反，如果你每次都雇用比你高大的人，日后我们必定成为一家巨人公司。”

前一句话与从大娃娃到中娃娃再到小娃娃的次序吻合，后一句话与小娃娃到中娃娃再到大娃娃的次序吻合，这些聪明的董事一看就明白了。这件事给每位董事都留下了很深的印象，在以后的岁月里，他们都尽力任用有专长的人才。

管理启示

奥格威法则强调的是人才的重要性。作为公司的管理者，如果每个人都重用比我们自己更强的员工，那公司就能成为巨人公司。如果我们都重用比我们差的人，那么他们就只能做出比你更差的事情，最终公司将毫无竞争力，成为每况愈下的公司。

3

投资与营销篇

土豆效应

编者荐语

经济大环境的变化不可避免地会给企业的产品销售带来相应的影响，特别是具有周期效应属性的产品。如何确保企业的产品组合平稳跨越经济发展的周期性循环，使企业保持稳定的收益，是企业管理者需要重点思考的问题。

一般而言，市场经济大环境的变化对人们的消费行为具有深刻的直接导向性。在经济向好、个人收入预期上升时，人们会积极消费，并不会过于关心产品价格；在经济趋坏、个人收入预期下降时，人们则会捂紧口袋，并对产品价格异常敏感。在这两种相对极端的经济大环境下，不同商业模式的企业和不同层次商品的境遇会完全不同。

基本释义

土豆效应，又称“土豆悖律”，是指在经济大萧条时期，消费者会逐渐舍弃高端奢侈品而转向中低端产品，并最终导致市场对后者的需求上升，进而推高低成本产品的市场价格和销售状况。

无论经济处于什么状态，人总得吃饭。若有钱，就吃好的、贵的；若缺钱，则可以吃差些、便宜些的。在经济大萧条时期，用于食品消费的钱会压缩，但食品消费量总的来说是不会减少的。

土豆在食品中属于低档、便宜的食品。当人们收入减少时，就会去购买价格便宜的土豆，最终会在整体上导致市场对土豆需求的旺盛，从而推进土豆价格的上涨速度。

面临经济危机，人的需求滑向马洛斯需求层次的较低层。其具象地反映在消费市场中，则可表现为吃比萨饼的消费者数量必然减少，而作为昂贵比萨饼的低档替代品，光面大饼需求量则必然会增加。

理论延伸

口红效应

与土豆效应类似的，是口红效应。

口红效应，是指因经济萧条而导致口红热卖的一种有趣的经济现象，也叫“低价产品偏爱趋势”。

调查者发现，在美国，每当经济不景气时，口红的销量反而会直线上升。因为在美国，人们认为口红是一种比较廉价的消费品。尽管经济不景气，但人们依然会有强烈的消费欲望，为了满足自己的购买欲，于是人们就会购买比较廉价的口红。

口红作为一种“廉价的非必要之物”，可以对消费者起到一种“安慰”的作用，尤其是当柔软润泽的口红接触嘴唇的那一刻。

另外，经济的衰退会让一些人的收入降低，这样手中反而会出现一些“小闲钱”，正好去买一些“廉价的非必要之物”。

一般来说，满足如下三个条件的产品，也可以充分利用“口红效应”来拉动销售：

首先，所售商品除了本身的实用价值外，还有附加意义；

其次，商品本身的绝对价格要低；

再次，商家要善于利用广告情境来刺激消费者的购物欲望。

经济萧条了，美国人约会的次数反而增多了，女孩子更注重打扮了。美国电影就是“口红效应”的受益者之一，20世纪二三十年代经济危机时期正是好莱坞的腾飞期，近期的经济衰退也都伴随着电影的大卖。

管理启示

对于企业管理者来说，土豆效应的启示是，管理者应掌握经济的大趋势，合理制定企业的发展战略，推出适合经济状况的产品，制定相应的价格，以确保企业的产品能有足够的市场规模，获得足够的收益；确保企业无论在经济繁荣时期，还是在经济萧条时期都能得到发展。

正如中国知名经济学家郎咸平所讲，在任何经济环境下，都有经营非常好的企业，从来只有经营不好的行业，没有经营不好的企业；没有一成不变的宏观经济，也没有一成不变的行业。企业要长远发展，就必须针对经济变化和行业变化做出相应的规划。

其实，对于企业而言，经济和行业的变化，均意味着市场需求的变化。企业的本质是满足消费者的需求，并从中获利。因此，及时做出改变，以匹配新的消费需求，是企业经营的根本。

当比萨饼的销量下滑时，价格自然就会降低，量价齐跌的情况下，企业的利润也会减少；与此相对应的是，光面大饼的销量随之上升，自然价格也会提高，量价齐升的情况下，企业的利润也会增加。反之亦然。

所以，企业应该设计相应的产品组合，既要有比萨饼也要有光面大饼，从而可以使自身针对不同的经济时期，着力推广不同的产品。

羊群效应

编者荐语

有这样一则寓言故事：

一位石油大亨到天堂去参加会议，一进会议室发现已经座无虚席，没有地方落座，于是他灵机一动，喊了一声："地狱里发现石油了！"

这一喊不要紧，天堂里的石油大亨们纷纷向地狱跑去。很快，天堂里就只剩下那位后来的了。

这时，这位大亨心想，大家全都跑了，莫非地狱真的发现石油了？

于是，他也急匆匆地向地狱跑去。

如果是你，你会往地狱跑吗？

基本释义

羊群效应（The Effect of Sheep Flock/Herd Effect），也叫"从众效应"，最早是股票投资中的一个术语，主要是指股票投资者在交易过程中存在学习与模仿现象，盲目效仿别人，导致股民集中在某段时期买卖相同的股票，从而造成该股票的大涨或大跌。其源于动物学家对羊群的研究。动物学家发现，羊群是一种很散乱的组织，平时的行动毫无章法，但总会表现出一个规律，那就是羊群一旦有一只头羊动起来，其他的羊也会不假思索地一哄而上，全然不顾前面可能有恶狼或者不远处有更好的青草。

另外，动物研究人员还做过这样的实验，在一群羊前面横放一根木杆，第一只羊看到木杆跳过去后，第二只、第三只也会跟着跳过去。其间，研究人员悄悄将木杆撤走，可是后面的羊仍然会像前面的羊一样向上跳一下，尽管拦路的木杆已经不存在了。

经济学领域常常用羊群效应来描述个人理性行为导致的集体非理性行为的一种非线性机制，也即经济个体的从众跟风心理。

羊群效应一般出现在竞争非常激烈的行业，通常这个行业会有一个领先者（领头羊）吸引人们主要的注意力，而同行竞争者（整个羊群）往往都在模仿这只“领头羊”的一举一动，“领头羊”到哪里去“吃草”，其他的“羊”就都会去那里“淘金”。

羊群效应在中国的股票投资市场反映得尤为突出。由于信息掌握不够充分，大多数投资者往往很难对市场的未来做出合理预期，因此往往通过观察周围人群的行为来做出判断。在这种信息的不断传递中，许多人的信息将大致相同且彼此强化，从而产生从众行为，这其实是造成中国股市极其不稳定的原因之一。

管理启示

羊群效应其实是行为个体在信息掌握不充分的情况下，盲目模仿周围其他个体的行为，从而期待避开风险的一种常见现象。所以，羊群效应其实是一种盲目从众行为的表现，其结果往往会给企业带来不可预计的损失，是应该为管理者所避免的。

羊群效应告诉管理者，必须站在一定的市场高度，全面掌握市场信息，进行系统科学的分析，做出客观而理性的企业决策，确保企业的发展是稳健的。否则，市场一旦有风吹草动，企业就无法做出独立的判断，只能跟风操作，最终要么误入陷阱，要么沦为被踩踏的对象。

在今天，从某种程度上说，企业之间的市场竞争已经演变为企业在信息获取与处理方面的竞争。一家企业对信息的获取速度、分析程度，以及反应速度，都成为其成败的关键。我们必须清醒地知道，我们要么成为“发动混乱”以及在“混乱”中抢占机会和市场的“领头羊”，要么成为在“混乱”中丧失原则和盲目浪费成本的“跟风羊”。

凡勃伦效应

编者荐语

在销售一件商品时，我们应该如何给它定价？定价在营销中似乎是最简单的一个环节，却也是最关键的环节。因为商品的价格决定了人们会怎么评价它，什么人会来购买它，它能不能在市场上畅销，它能给企业带来多少利润，企业生产和经营这一商品是有利可图的还是毫无意义的。

在禅宗里，有这样一则故事，讲了禅师和其门徒之间的故事。

有一天，一位禅师为了启发他的门徒，给了他一块石头，这块石头很大，很美丽。禅师让他去菜市场，并且试着卖掉它。但是禅师说："不要卖掉它，只是试着卖掉它。注意观察，多问一些人，然后回来告诉我在菜市场它能卖多少钱。"

门徒去了菜市场。石头很美丽，吸引了很多人过来观望。他们看着石头想：它可成为很好的小摆件；我的孩子可以玩；我可以把它当作称菜用的秤砣……于是他们纷纷出了价，但都是只给几个硬币。

于是门徒回来对禅师说："它最多只能卖几个硬币。"师父说："现在你去黄金市场，问问那儿的人。但是不要卖掉它，只问问价。"从黄金市场回来，这个门徒很高兴，他说："这些人太棒了，他们乐意出到1000块钱。"

禅师说："那现在你去珠宝市场那儿，低于50万元不要卖掉。"于是，门徒又去了珠宝市场，他简直不敢相信，有人竟然乐意出5万元。他表示不愿意卖，于是人们继续抬高价格——后来出到了10万元。

但是门徒仍说："这个价钱我不卖。"有人喊道："我出20万元……30万元！"

门徒说："这样的价钱我还是不能卖，我只是问问价。"最终，他以50万元的价格把这块石头卖掉了。

门徒回来后，禅师对他说："现在你明白了，如果你不要更高的价钱，你就永远不会得到更高的价钱。"

在这个故事里，禅师要告诉门徒的是关于实现人生价值的道理，但同时也反映了一个经济规律：凡勃伦效应。

基本释义

凡勃伦效应（Veblen Effect）由美国经济学家凡勃伦提出，是指消费者对某种商品需求的欲望因其标价较高而提高。换句话说，就是商品标价越高，越容易受到消费者的追捧。凡勃伦效应反映的是人们盲目追求高价的消费心理，也反映出人们进行挥霍性消费的心理欲望。

凡勃伦在《有闲阶级论》中写道，有闲阶级的特点是"炫耀型消费"，并避免进行有用的"生产性劳动"，他们沉湎于浪费的或无用的事物当中，其目的也仅是炫耀，以期受到他人的尊敬而已。

从某种意义上讲，凡勃伦效应只是一种社会心理效应，而不完全是一种经济效应。因为凡勃伦所说的炫耀性消费，只有依赖于个人对群体的预期才能真正起作用。在凡勃伦看来，具有艺术价值的物品带给购买者的总效用，不仅包括由于直接"消费"这件物品所带来的"物理效用"，而且包括由于这件物品本身的高昂价格所带来的"社会效用"。

理论延伸

美感与价格的关系

"一切珠玉宝石在官能上的美感是大的。这些物品既稀罕，又值价，因而显得更加名贵。假设价格低廉的话，是决不会这样的。"在此基础上，凡勃伦指出，"从使用和欣赏一件高价的，而且认为是优美的艺术品中所得到的高度满足，在一般情况下，大部分是出于美感名义假托之下的高价感的满足。对于优美的艺术品比较重视，但是，所重视的往往是它所具有的较大的荣誉性，而不是它所具有的美感。因为审美能力的培养需要花费很长的时间和很多的精力”。

他甚至进一步认为，“任何贵重的艺术品，要引起美感，就必须能同时适应美感和高价两个特征。除此之外，高价这个准则还影响着我们的爱好，使我们在欣赏艺术品时把高价和美感这两个特征完全融合在一起，然后把由此形成的效果假托于单纯的艺术欣赏这个名义之下。于是，艺术品的高价特征逐渐被认为是高价艺术品的美感特征”。

某种艺术品既然具有光荣的高价特征，就令人觉得可爱，而由此带来的快感，同它在形式和色彩方面的美丽所提供的快感合而为一，不再能加以区别。因此，凡勃伦认为，当称赞某件艺术品时，如果把这件艺术品的艺术价值分析到最后，就会发现，“这件艺术品具有金钱上的荣誉性”。

因为重视艺术品的高价特征这个习惯进一步巩固，而且，人们也已经习惯于把美感和荣誉两者视为一体，所以大家逐渐形成了这样的观念：凡是价格不高的艺术品，就不能算作美的。

可以想象，根据凡勃伦效应，当我们看到凡·高所画的加歇医生的面孔时，看到的不再是一个常见的忧伤与悔恨的肖像，而是一大堆金光闪闪的迷人的金钱。

管理启示

在给特定的商品定价时，我们应该以什么样的思考方式来进行？我们应该定高价、低价、适中价、偏高价还是偏低价？我们提供的特定的商品，期望带给购买者的是物理效用，还是社会效用？我们能赋予我们的商品以社会效用吗？我们的商品具有高价的潜在需求吗？

凡勃伦效应告诉我们，在条件允许的前提下，消费者总是偏爱高价的东西。对于企业来说，高价商品能给企业带来丰厚的利润，任何企业都不应该主动放弃定高价的机会。

在我们日常的消费中，材质和款式都差不多的包包，在普通店铺卖几百元，而在某些品牌店，就要卖到上万元。标价1.88万元的眼镜架，8.88万元的纪念表，188万元的顶级钢琴，这些相对来说近乎“天价”的商品，往往也能在市场上走俏。

其实，消费者购买这类商品的目的并不仅仅是获得直接的物质满足和享受，更大程度上是获得心理上的满足。这就出现了一种奇特的经济现象，即一些商品价格定得越高，就越会受到消费者的青睐。

由于某些商品具有炫耀性效用，如购买高级轿车可以显示地位的高贵，收集名画会显示雅致的爱好等，因此这类商品的价格定得越高，需求者反而越愿意购买。因为只有商品的高价，才能显示出购买者的富有和地位。这种消费现象被称为“炫耀性消费”，炫耀性消费在发展中国家尤其明显。

正如凡勃伦在《有闲阶级论》一书中写的那样，“在任何高度组织起来的工业社会，荣誉最后依据的基础总是金钱力量，而表现金钱力量，从而获得或保持荣誉的手段是有闲和对财物的明显浪费”。

其实很多时候与其说“有闲阶级”所消费的是商品，不如说他们消费的是单纯的“高价”，正如在电影《大腕》中讲道的，“不买对的，只买贵的”。

250定律

编者荐语

这是一个经典的客户销售定律，来自销售大师乔·吉拉德。这个定律提醒每一位销售人员，要注意自己的一言一行，真诚服务好每一位客户。

基本释义

美国著名推销员乔·吉拉德在商战中总结出了250定律。

他认为每一位顾客身后，大约有250名亲朋好友。如果你赢得了一位顾客的好感，就意味着你赢得了250个人的好感；反之，如果你得罪了一名顾客，也就意味着你得罪了250名顾客。

乔·吉拉德得出结论：在任何情况下，都不要得罪哪怕是一个顾客。

在乔·吉拉德的推销生涯中，他时刻控制着自己的情绪，不因顾客的刁难而不喜欢对方，或是自己心绪不佳等原因而怠慢顾客。

管理启示

作为企业的管理者，必须认真对待每一位客户，因为每一位客户的身后都有一个相对稳定的、数量不小的群体。

按照这个定律，我们赢得1万名顾客的好感，也就会赢得250万人的好感。

换个角度说，如果我们的企业或品牌赢得了1万名顾客的好感，也就会赢得250万名顾客的好感。

通常来说，品牌知名度可以通过广告实现，但品牌美誉度却依赖于口碑实现，客户好感的积累是品牌的核心基础。

客户的口碑是企业和品牌的根，是企业和品牌存在和得以发展的根本。

临界点效应

编者荐语

在职场生涯中，你有没有碰到过职位晋升迟迟无望的时候？

在技术研发或产品销售过程中，你有没有碰到过迟迟不能实现突破的时候？

在项目投资的过程中，你有没有碰到过资金投入不断加大，但却迟迟没有效果和回报的时候？

在企业发展的过程中，你有没有碰到过企业长期处于瓶颈期，团队已经精疲力竭，但却无法改变格局，或是再上一个台阶的时候？

很多时候，在事物发生质变之前，似乎我们所有的努力都是在浪费功夫，企业所有的资金和人力投入似乎也是在打水漂，这常常让人心生绝望。

基本释义

临界点的概念来自物理学领域。物质会因为能量的不同而产生相的改变(例如，冰→水→水蒸气)。相的改变代表界的不同，当某一事物到达相变前一刻时，我们称它“临界”了，而临界时的值则称为“临界点”。例如，零摄氏度是水和冰的临界点，100摄氏度是液态水和水蒸气的临界点。

生活中，我们也常常用临界点来借指事物性质发生变化的关键点。

管理启示

物理变化中有这样的临界点，其前后物质的性质会有很大的变化。在企业经营过程中，也常常会碰到这样的临界点。

可能企业的投资迟迟不见效果，可是突然某一天，企业的收益滚滚而来。

可能我们的努力迟迟不被人们关注，可是突然某一天，一切荣誉都朝我们涌来。

在事物发生质变之前，都要经过不断的积累，直到最后一分努力的付出，直到最后一秒钟的沉淀，一切才终于变得不同起来。

人的奋斗或者企业的投资，就像是在撬动一块巨石。在巨石被撬动之前，我们唯有不停地加大力量，直到力量达到杠杆的平衡，此时，我们只需一根羽毛的重量，就能使巨石翻滚起来。也就是一切一旦达到临界点，就都将变得非常容易。

在广告领域，人们总会问：广告真的有作用吗？广告的作用到底有多大呢？假设两个品牌的产品、价格和渠道都相同，到底人们会购买哪个品牌的产品呢？此时，两个品牌的比较就像是在天平两端是同样的砝码，保持着平衡。如果我们在天平的任何一边放一根羽毛，天平瞬间就会失衡，而广告正如这根羽毛。那你说这根羽毛有作用吗？如果有，它的作用到底有多大呢？

另外一个真实的案例是，史玉柱在接受CCTV-2的专访时谈到他经营脑白金的经历：营销初期，每次在大规模投放广告之前，他都会先在某一个城市测试广告费用的投入产出比；他发现广告费的投入在某一个点之前，基本是无效的，但是随着广告费的增加，当增加到某一个点之后，产品的销量瞬间就会往上飙升；他将这个点界定为广告投入的临界点。后来，他在每一个城市投放广告时，都要保证投入达到这个临界点。

一个项目的成功，就像将一壶水烧开的过程，刚开始不断加柴，温度一点一点地上升，多一摄氏度或少一摄氏度似乎没什么区别，水壶总是不声不响，但水温一旦到了99摄氏度，那再增加的那1摄氏度就意义重大了。一个项目的运作，不完善所有的工作，不走完最后一步，都是没有意义的。只有完成所有该完成的，才会将项目推向成功。

个人或是企业的发展，就像是在不断用力撬动一块巨石，或是在天平的一端不断增加砝码，这其实就是从量变到质变的过程。在质变发生之前，似乎所走的每一步都是无用的，就像爬山，越到最后越是艰难，越容易灰心气馁，而一旦抵达山顶，就能揽尽山色美景，被万物仰望。

个人或是企业发展，无论如何，都要挺过临界点。一旦挺过临界点，就意味着新的台阶与新的开始。正如蝴蝶的蜕变和小鸟的破壳，不到最后那一秒钟，蛹依旧是蛹，蛋依旧是蛋，然而一旦努力到了那个点，坚持到了那一刻，全新的生命状态就将开始。

木桶定律

编者荐语

作为管理者，这些年你在企业管理中，有没有发现哪些因素严重制约了企业的发展？作为个人，在你的职场生涯或事业发展中，有没有发现哪些因素严重制约了你的发展？

作为管理者，你有没有发现企业在某些方面非常强势和出色，但是因为其他方面跟不上，导致企业发展非常缓慢？作为个人，你有没有发现你在某些方面非常强势和出色，但是因为你其他的特点，导致自己无法上升到一个新的台阶？

在你以后的发展或者你的管理工作中，你打算怎么做？你是会快速改善自己或企业的不足，还是会寻求第三方合作，实现优势互补？

基本释义

我们都知道，盛水的木桶是由多块木板合并箍成的，木桶的盛水量由这些木板共同决定。一只木桶盛水的多少，不取决于最高的那根木板，而取决于最短的那根木板，这就是木桶定律（Buckets Effect），也称“木桶效应”或“短板效应”。

可以想象，一只木桶要想盛满水，或者盛尽可能多的水，必须保证每块木板都一样平齐且无破损。如果木板中某一块不齐或者某一块木板存在破漏，这只桶就无法盛满水。

木桶定律其实是我们生活中的常识规律，它至少能给我们三个启示：一是如果木桶中有短板，那即使其他的木板再长，也是不能装满水的；二是要让木桶盛满最多的水，需要做的是不断发现最短或破漏的木板，并不断加长或修补它；三是木桶装满水的时候，一定是每块木板都一样长的时候。

管理启示

每个人的发展，是由各种各样的技能共同推动的，这些技能就是构建人生这只“木桶”的“木板”。我们能走多远，能收获多少成果，往往取决于最短的那块“木板”。

同样，每个企业的发展，都是由各个职能部门的多种多样的人才共同推动的。这些部门或人才就是构建企业这只“木桶”的“木板”，企业能走多远，能有多大的发展，往往取取决于最短的那块“木板”。作为管理者，你有没有想过，或许那块“短板”就是你自己呢？

当下有两种说法：一种说法是一旦意识到了自己的不足，就应该快速补齐；另一种说法是，我们应当寻找能与我们优势互补的人作为合作伙伴，一起发展。第一种说法更适合个体的发展，后一种说法更适合企业的发展。或许个人的发展可以通过自身的不断修炼，实现一定程度的完善，但是企业的发展却需要数量众多的人各自发挥所长。同时，企业的发展也依赖于各个职能部门，无论哪个职能部门办事不力，都将影响企业的整体表现。

在任何组织，木桶定律都是我们必须面对的问题。组织在不断变化，构成组织的各个部分也必然是良莠不齐的，而劣势部分往往决定整个组织的水平，因此从来没有永远完美的组织。作为管理者，我们应该随时随地觉察和发现组织的“短板”，并尽快补齐它，不断变劣势为优势。

“1：8：25”法则

编者荐语

如何实现客户的不断增长？

市场竞争永远只会越来越激烈，客户的流失是必然的，如何才能保住原有的客户，并且不断增加客户的数量？

客户增长有什么数理逻辑？

“1：8：25”法则或许能给我们解答。

基本释义

“1：8：25”法则是市场营销学的基本法则之一，其含义包括：一个顾客如果觉得某种产品好的话，他可能要将这种好感告诉8个人；反之，如果不满意某种产品的话，他则可能向25个人抱怨这种产品的坏处。

“1：8：25”法则有一个衍生版，就是“1：25：8：1”法则，也被称为“消费者拉动消费者法则”，即每1个满意的用户可以影响25位潜在用户，而在这25位潜在用户当中，将有8位潜在用户产生购买欲望，其中至少会有1个最终做出购买决策，成为你的新用户。如此一来，就可以产生正相关的良性循环。

管理启示

通过“1：8：25”法则我们会发现，人们总是乐于传播产品的好处，当然也更乐于散布产品的坏处。所以在今天的社交平台，我们看到的更多的是人们对产品的吐槽，而较少看见消费者对产品的由衷赞美。

一旦产生1名不满意的消费者，我们就势必要面对25个新增的对我们持负面态度的潜在消费者，所以我们应该维系好每一位消费者，尽可能让每一位消费者满意。

通过学习“1：25：8：1”法则，我们可以发现消费者的增长是可以自然产生的，每一个满意的消费者最终都能带来一个新的消费者。

如果我们能针对满意的消费者设计转介绍顾客的促销策略，那还会增加新客户增加的比例。

相信我，这种方式一定是最低成本的销售方法，也是中小企业应该采取的方法。

如果“1：8：25”是一个平均数，那我们可以通过更好的服务和促销策略的设计，将“8”提升一倍，将“25”缩减一倍，那就是“1：16：13”，由于“16>13”，如此一来，市场上就会充满了对我们的赞誉。

同样，如果“1：25：8：1”是一个平均数，那我们也可以通过更好的服务和促销策略的设计，将“25”“8”和“1”提升一倍，那就是“1：50：32：8”，即1名满意的顾客将给我们带来8名新顾客。如此一来，我们的顾客数量就将实现迅猛增长。

巴菲特定律

编者荐语

公司的行为本身不是生产行为也不是销售行为，生产和销售只是公司经营层面的事务，公司的行为本质上是投资人的投资行为。

如何才能保证公司长久地存活下去并获得长期的发展，这是公司的投资人需要首先考虑的。为什么要成立公司？为什么要在某一个业务领域进行人才和资金的投入？

股神巴菲特凭借他60年的投资经验给了世人精辟的总结。

基本释义

巴菲特定律：在其他人都投了资的地方去投资，你是不会发财的。

这是有“美国股神”之称的沃伦·爱德华·巴菲特的至理名言，是他多年投资生涯的经验结晶。从20世纪60年代以廉价收购了濒临破产的伯克希尔公司开始，巴菲特创造了一个又一个的投资神话。

有人计算过，如果在1956年，你的祖父母给你1万美元，并要求你和巴菲特共同投资，你能一直坚持下去的话，你投入的资金就会获得27000多倍的惊人回报，而同期的道琼斯工业股票平均价格指数仅仅上升了大约11倍。无怪乎有人把伯克希尔股票称为“人们拼命想要得到的一件礼物”。

巴菲特能取得如此疯狂的成就，得益于他自己所坚守的信条，他后来将其总结为巴菲特定律，“在其他人都投了资的地方去投资，你是不会发财的”。无数投资人士的成功，都或明或暗地遵从着这个定律。

管理启示

无论是投资企业还是投资项目，我们都要结合自身的特长和优势，寻找市场的空白点和增长点。人云亦云，人投亦投，随大流、一窝蜂只会成为被踩踏的对象。

对于公司来说，投资决策远远重要于产品和销售行为。产品或销售不利带来的后果或许还能接受，但是投资失误造成的后果则是灾难性的。

巴菲特的10项股票投资要点：

（1）利用市场的愚蠢，进行有规律地投资。

（2）买价决定报酬率的高低，即使是长线投资也是如此。

（3）利润的复合增长与交易费用和税负的减免，使投资人受益无穷。

（4）不在意一家公司来年可赚多少，仅有意未来5年至10年能赚多少。

（5）只投资未来收益确定性高的企业。

（6）通货膨胀是投资者的最大敌人。

（7）价值型与成长型的投资理念是相通的，价值是一项投资未来现金流量的折现值，而成长只是用来决定价值的预测过程。

（8）投资人财务上的成功与他对投资企业的了解程度成正比。

（9）“安全边际”从两个方面协助你的投资：一方面是缓冲可能的价格风险；另一方面是可获得相对高的权益报酬率。

（10）拥有一只股票，期待它下个星期就上涨，是十分愚蠢的。就算联储主席偷偷告诉我未来两年的货币政策，我也不会改变我的任何一个作为。不理会股市的涨跌，不担心经济情势的变化，不相信任何预测，不接受任何内幕消息。只注意两点：第一，买什么股票；第二，买入价格。

布里特定理

编者荐语

如何看待广告在企业发展过程中的作用?

企业应该积极投入广告，还是凭借产品本身的口碑稳定发展?

在生产过剩、同质化严重、竞争激烈的今天，竞争的主战场已经从产品端转移到传播端，优秀与否不再由企业方决定，而是由消费方决定。

只有通过传播并进入消费者大脑的才是积极的。

基本释义

布里特定理，是指商品不做广告，就像姑娘在暗处向小伙子递送秋波，虽脉脉含情，但只有她自己知道。

布里特定理由英国广告学专家S. 布里特提出，它与中国传统的“酒香不怕巷子深”正好相反。布里特认为，商品应该积极宣传，多做广告。

管理启示

可口可乐董事长伍德拉夫有句名言：“可口可乐99%是水、碳酸和糖浆，如若不进行广告宣传，谁去喝它呢？”可口可乐自创立开始，就不惜工本，充分利用广告手段来扩大产品销路，1901年可口可乐的营业额仅为12万美元，可是广告费用却高达10万美元，如今可口可乐每年的广告费更是以十亿美元计。

宝洁公司董事长阿兰·乔治·雷富礼在谈到宝洁公司的营销模式时这样说道：宝洁是用10%的资金做产品，30%的资金做包装，60%的资金做广告。

广告是一个杠杆，假如不做广告企业每年的利润是100万元；如果将100万元的利润全部投入广告，能带来500万元的利润，那相当于广告产生了5倍的杠杆效应。对于追求利润和扩张的企业来说，何乐而不为呢？

“100-1=0”定律

编者荐语

100分减1分等于多少？

99分。

但是99分和100分的区别可能是天壤之别。

100分的人获得了所有的奖励和荣誉，而99分的人一无所有。

在市场竞争中，输了一点点，就输了全部。

基本释义

“100-1=0定律”源于一项监狱的职责纪律：不管你干得多好，如果你监管的犯人有一个逃跑了，你就是永远的失职。

这项纪律是没有问题的。对于狱警来说，决不允许出现任何一个逃犯，只要有犯人逃走，就不可原谅。

后来，这一纪律被引入企业管理和市场营销中。

对于企业管理来说，决不能无视和放任任何一点儿瑕疵，只有不断完善，精益求精，追求卓越，才可能超越竞争对手。

对于市场营销来说，决不能无视客户的任何一点儿不满，完美的产品和服务是企业的基本要求，因此必须不断改善客户的体验，而客户满意永远没有终点。

管理启示

对于企业来说，我们往往自以为是地认为我们已经做得足够好了；对于顾客来说，你所有的好都是应该的，但是只要有一点儿令人失望，就会产生不满，他不会因为你在其他地方做得好就原谅你。

1%的错误往往会导致100%的失败。

所以，所有的99分，都是0。

100分才会是100分。

鳄鱼定律

编者荐语

请问你上一次重大的投资失败是什么时候?

请问你在该次投资中亏损了多少?

在你刚开始发现投资出现严重亏损之时，你采取了什么措施?

你采取的措施效果如何?

通过对这一次投资失败事件的处理，你获得了什么教训?

作为管理者，在个人或企业的投资遭遇“滑铁卢”（惨痛失败）时，我们应该怎么办？在因惨痛失败带来的那种极度悲伤和极度的挫败感中，我们通常会采取什么措施？我们到底应该如何做出正确的决策?

基本释义

“鳄鱼定律”这一概念通常出现在股票投资领域中，其初始含义是这样的：假定一只鳄鱼咬住你的脚，如果你试图用手去挣脱你的脚，鳄鱼便会同时咬住你的脚与手。你越挣扎，被咬住的地方就越多。所以，万一鳄鱼咬住你的脚，你唯一的办法就是牺牲一只脚。

鳄鱼定律启迪人们要理性对待投资失败，正视和接受因为自己的错误判断而造成的经济损失，不要因为试图掩盖错误而错上加错，或抱着盲目的赌徒心理幻想赢回损失。

管理启示

在企业管理过程中，投资决策是一项重要工作。由于市场信息的不确定，以及市场形势的不断变化，所有投资决策都面临着风险。但是只有风险在投资回报率上体现出来时，我们才能判断投资的正确性，这在瞬息万变的股市投资领域尤其突出。

当投资失败已成事实时，我们应该如何面对？作为管理者，是试图去掩盖错误，还是继续火中取栗，冒险挽回损失？鳄鱼定律给了我们“血淋淋”的教训，我们面对投资失败应该断然“舍脚求生”，就像武侠小说中为了防止毒发全身，宁愿“断臂求生”的人一样。如此，我们还可以保存剩余的资金实力；如此，我们还能“留得青山在，不愁没柴烧”。

相对于重大的投资回报方面，企业面临较多的是各种各样的相对较小的风险事件。当企业隐藏的风险已经酿成不良事件，令企业陷入困境时，我们需要沉下心去发现和解决最根本的问题，而不是急于寻求短期脱困的手段。否则，只会让企业陷入更深的旋涡之中，引发更大的风险，遭受更大的损失。

因此，在企业管理工作中，当管理者发现市场发展的方向已经与自己最初的决策发生背离时，一定要立即止损，不得再有推诿和延误，不得存有任何侥幸心理。换句话说，面对既成事实的投资失败，别再做无谓的挣扎，坦然接受失败，重新开始，才是我们最好的选择。

二八定律

编者荐语

在公司会议上，20%的人占据了80%的发言时间。

在公司年终奖励时，20%的人获得了80%的奖励。

在公司经营报表上，20%的业务占据了80%的营业收入。

在部门汇报业绩时，80%的销售来自20%的销售人员。

在领导的各种讲话中，只有20%的内容是有价值的，其他的80%基本都是浪费时间。

在公司阅读的书籍中，80%的人都在阅读那20%的书，剩下的80%基本是没有人阅读的。

公司每年的各种会议，只有20%的会议起了重要作用，其他80%的会议基本都是无意义的。

在我们能说出的统计数据中，我们似乎都能发现某种契合，总是相对少数的个体获得了相对多数的资源或财富，资源或财富总是向少数个体聚集，或是只有关键的少数起了重要作用，其他大多数基本都是毫无意义的，这似乎已经是一个定律。

基本释义

二八定律，又名“80/20定律”（The 80/20 Rule）、“帕累托法则”（Pareto's Principle），也叫“巴莱特定律”、“朱伦法则”（Juran's Principle）、“关键少数法

则”（Vital Few Rule）、“不重要多数法则”（Trivial Many Rule）、“不平衡原则”等，被广泛应用于社会及企业管理之中。

二八定律是19世纪末20世纪初意大利经济学家维弗雷多·帕累托发现的。他认为，在任何一组东西中，最重要的只占其中一小部分，约20%，其余80%尽管是多数，却是次要的，因此又称“二八定律”。

1897年，帕累托在研究英国人的财富和收益模式时，发现大部分的财富流向了少数人手里。同时，他还从早期的资料中发现，在其他的国家，也都有这种微妙关系出现，而且在数学上呈现出一种稳定的关系。经过大量调研，帕累托得出结论：社会上20%的人占有80%的财富，而80%的人只拥有20%的财富，即财富在人口中的分配是不平衡的。

这种统计的不平衡性在社会、经济及生活中无处不在，于是二八定律成了“不平衡现象”的简称，而不管其表现出的是不是恰好为80%和20%（从统计学上来说，精确的80%和20%出现的概率也很小）。

管理启示

根据二八定律的统计逻辑，在企业管理领域，我们可以做出以下推论：

一个行业里20%的强势品牌，占有80%的市场份额；一家公司20%的人才贡献了80%的公司收益；公司80%的销量或利润来自20%的客户；公司80%的权利集中在20%的员工手里；公司20%的投入产生了80%的收益；公司80%的时间耗费在了20%的事情上。

二八定律带给管理者的启示是，不要平均地分析、处理和看待问题，在企业经营和管理中要抓住关键的少数。“任何一个事物80%的价值实际上集中在这一事物20%的组成部分上”，起关键作用的小部分，通常主宰了整个组织的产出、盈亏和成败。

在经营管理中，我们可以根据二八定律总结出一套80/20分析法，对企业各方面的投入产出进行分析，把主要精力花在解决主要问题和推动主要项目上。

我们要找出那些能给企业带来80%利润、总量却仅占20%的关键客户，加强对他们的服务，争取以20%的投入获得80%的产出，达到事半功倍的效果，并且在取得最佳业绩的同时减少资源损耗，提升企业的竞争力。

对个人来说，二八定律也能给我们的人生发展带来重要启示，我们应该学会避免将时间和精力花费在没有意义的琐事上。一个人的时间和精力都是非常有限的，要想真正“做好每一件事情”几乎是不可能的，要学会合理地分配时间和精力，做事在精不在多，面面俱到不如重点突破。

鱼缸理论

编者荐语

市场化的企业，必须依靠营销。只有足够的销售量，才能获得相应的利润，而销售的产生，源于一个又一个的顾客/客户的购买行为。

作为企业方，我们必须了解顾客需要什么，顾客喜欢什么，顾客因何而购买，顾客愿意支付多少费用，顾客面临什么样的购买和使用障碍。唯有如此，才可能制定出正确的营销策略。否则，企业的营销就是无的放矢，顾客不会对企业的营销产生任何反应。

基本释义

鱼缸理论由日本全面质量管理（TQM）专家司马正次提出。他认为，企业必须发现客户最本质的需求，“鱼缸”象征着企业所面对的经营环境，而“鱼儿”就是目标客户，经营者要做的就是先跳进“鱼缸”，实际深入用户所处的环境，接触用户，学着和“鱼儿”一起游泳，了解“鱼儿”所处的环境，切实体验作为一个客户对产品的具体需求。然后，跳出“鱼缸”，站到一个相对更高和更广的环境中，重新审视分析客户状况，以发现他们最本质的需求。

管理启示

在《庄子》中，既有“子非鱼，安知鱼之乐”（惠子），也有“子非我，安知我不知鱼之乐”（庄子），这和鱼缸理论有一定的关联，说明如果我们不深入了解对方，不站在对方角度思考问题，就不能体会到对方的真实感受。

在大部分营销工作中，企业的目标消费者和企业的营销人员可能不是一类人群。要想制定有效的营销策略，营销人员必须深入目标消费者，像他们那样生活，和他们一样思考，像他们一样购买产品和体验服务，这样才能知道顾客的需求和感受，才可能通过有效的营销策略赢得消费者。

在市场营销的具体实际操作中，我们一般通过顾客调查搜集顾客信息并进行分析，找到影响顾客购买的各种因素，以掌握顾客的购买心理和行为逻辑。

另外，我们也可以设计“神秘顾客”。“神秘顾客”一般从企业的真实用户中挑选，选取比较有代表性的顾客，由企业提供一定的酬劳或奖励，由他们定期不定期地为企业反映购买和消费体验。整个过程中，企业的销售和服务人员是不知道他们的“神秘顾客”身份的，企业管理者以此获得顾客对产品或服务的最真实的消费体验，以供企业进行产品和服务改进。

作为企业营销管理人员，我们在实施相应营销决策之前，都应该以一名普通消费者的身份体验我们的产品和服务，以确保我们的决策不是一时的兴起，而是针对顾客的真实需求做出的反应。在这方面，我们还出版了《体验感》《首席体验官》《体验再造》等书籍，对如何提升企业产品和服务的体验感进行了详细阐述和案例分析。

4

人力资源篇

跳蚤效应

编者荐语

一个人或一个企业的目标，决定了其能攀登到多高的地方。如何才能给自己或企业制定一个合适的目标，如何才能激励员工制定合适的目标，这将决定个人和企业的最终发展。

企业在发展的过程中，不仅需要对企业目标进行管理，也需要对每个部门目标和员工目标进行管理，以确保企业能爬得更高，走得更远。

哈佛大学曾经做过一个实验，研究人员对一群智力、学历和成长环境等客观条件都差不多的年轻人，做过一个长达25年的追踪研究。25年后，这群人的生活状况如下：3%有清晰且长远目标的人，25年来几乎不曾更改过自己的人生目标，他们几乎都成了社会各界顶尖的成功人士；10%有清晰短期目标的人，大都生活在社会的中上层；60%目标模糊的人，几乎都生存在社会的中下层，没有什么特别的成绩；余下27%没有目标的人，仍生活在社会的最底层。

基本释义

跳蚤效应（Flea Effect），来源于一个有趣的生物实验。

生物学家在玻璃杯中放入一只跳蚤，跳蚤轻易地就跳出来了。之后，生物学家给玻璃杯配了一个盖子，再把这只跳蚤放入杯中，跳蚤一次又一次跳起，一次又一次被撞。最后，这只跳蚤变得“聪明”起来，它根据盖子的高度调整了自己所跳的高度。过了一段时间，当生物学家把盖子拿掉时，有趣的是，尽管已经没有了限制，但是跳蚤却再也跳不出来了。

跳蚤效应指的是跳蚤会根据所碰到的障碍，主动调节自己跳的目标高度，而且逐渐适应它，直至不再改变。其实对于人类来说也一样，每个人在刚开始的时候，都是无所顾忌地“乱蹦乱跳”，但是当一而再再而三地遇到同样的障碍之后，就开始“学会”调节目标，不再追求最初的梦想。其实他们并不是不能实现梦想，而是在心里默认了一个“高度”。这个“高度”也就成为他们人生的最高目标，于是我们的人生高度也就定型了。

管理启示

有这样一个故事，有人问三个泥水匠：“你们在干什么？”甲说：“砌墙。”乙说：“挣钱。”丙说：“造世界上最有特色的建筑。”

结果我们都知道了，就是前两位一生碌碌无为，而第三位最终成了著名的建筑师，因为他心里的理想和目标的高度与前两位完全不同，他高远的理想和目标最终成就了他的卓越。

这三位泥水匠，可以影射为一家企业的三位员工，也可以影射为一个行业的三家企业。因为个人或企业的自身条件和环境的制约，我们总会设定一个“恰当”的目标去努力，尽管目标是“恰当的”，但是目标的性质和高度却会影响我们的方向和努力的程度。

跳蚤效应给我们的启示是不要因为暂时的挫折而过早地自我设限，在任何时候，都应该制定高远的目标，如此我们才能成为卓越的人，才能成就卓越的企业。

鲇鱼效应

编者荐语

你希望你在职场是无忧无虑的，还是压力重重的？

你希望你带领的团队是一团和气的，还是相互竞争的？

你希望你所在的企业是湖面平静，还是波澜壮阔？

总的来说，人们都希望享受安稳的生活，但是长期的安稳必然让人失去竞争意识，失去学习和向上的力量。所以，中国自古就有“生于忧患，死于安乐”的名言。

基本释义

鲇鱼效应（Catfish Effect），在职场是广为人知的概念，其源于挪威渔民中流传的故事。

挪威人喜欢吃沙丁鱼，尤其是活鱼。因为活鱼的价格要比死鱼高许多，所以渔民总是想方设法让沙丁鱼活着回到渔港。可是虽然经过种种努力，绝大部分沙丁鱼还是在中途因窒息而死亡，但其中有一条渔船总能让大部分沙丁鱼活着回到渔港。老船长严格保守着秘密，直到去世，才把谜底揭开。

原来老船长在装满沙丁鱼的鱼槽里放进了一条以鱼为主要食物的鲇鱼。鲇鱼进入鱼槽后，由于环境陌生，便四处游动。沙丁鱼见了鲇鱼十分紧张，左冲右突，四处躲避，加速游动，因此沙丁鱼缺氧的问题就迎刃而解了，沙丁鱼也就不会死了。如此一来，沙丁鱼便活蹦乱跳地回到了渔港。这就是著名的鲇鱼效应。

故事延伸

野狼与羊群

这是一个发生在草原上的故事。

在牧场上，狼群出没，经常猎食牧民的羊。牧民于是求助于政府将狼群赶尽杀绝。狼没有了，羊的数量大增，牧民们非常高兴，认为预期的设想实现了。

可是，若干年以后，羊的繁殖能力大大下降，羊群变得越来越没有活力，羊毛的质量也大不如前。原来，羊群失去了天敌，生存和繁殖能力都退化了。

于是，牧民又请求政府重新引进野狼。狼群回到草原，虽然牧民损失了一些羊，但羊群整体的繁殖能力却增强了，羊毛的质量也提高了。

这个故事的真实性无从考察，但与鲇鱼效应带给我们的是同样的启示。

管理启示

在没有动静的死水中，沙丁鱼很容易因为缺氧而死亡。老船长放入鲇鱼后，鲇鱼在搅动沙丁鱼生存环境的同时，也激活了沙丁鱼的求生能力。

对于企业来说，发展初期，员工热情高涨，工作效率很高。然而，随着企业的发展和稳定，员工的工作热情和创新精神会逐渐下降，企业的发展也会遇到瓶颈期。

通常，当一个组织的工作达到较稳定的状态时，常常意味着大家工作积极性的降低，“一团和气”的集体不一定是一个高效率的集体。

管理者要避免企业变成“一潭死水”，避免员工们都变成“死鱼”，适时引入新型的具有创造力的“鲇鱼型”人才，令习惯了安稳的老员工感到不安，激发他们的竞争意识，提升团队活力，增强企业竞争力，使企业的发展再上新台阶。

格雷欣法则

编者荐语

如果有这样两家面包店：一家卖的面包松软香甜，馅料可口，童叟无欺；另一家卖的面包干瘪粗糙，缺斤少两，搞不好还是过期产品，但是价钱却比第一家低一半。你认为哪一家的面包会热卖？

大家的答案可能不尽相同，这个问题也会引发出一连串的讨论。

为什么？这就要引出格雷欣法则。

基本释义

格雷欣法则是以托马斯·格雷欣爵士（1519—1579）的姓氏命名的。格雷欣是英国著名的金融家、慈善家，是皇家证券交易所及格雷欣学院的创建者。

格雷欣发现一个有趣现象，当两种实际价值不同而名义价值相同的货币同时流通时，实际价值较高的货币，即良币，必然退出流通——它们被收藏、熔化或被输出国外；实际价值较低的货币，即劣币，则充斥市场。人们称之为“格雷欣法则”（Gresham's Law）或“劣币驱逐良币法则”。

在实行金银复本位制时，金和银都是法定货币，在法律上按一定比价具有相同的价值。但在现实情况中，金银的开采成本、市场供求是不太可能完全同步变化的，于是当金相对于银来说更为贵重时，人们必然储存更有价值的金而使用相对来说价值较低的银，因为交换时是以法定比价而不是以实际比价来计算的。如果银相对来说更为贵重时，劣币就成了金，良币就变成了银。

大多数人都有过这样的经历，当钱包里既有新钱又有旧钱的时候，大家都愿意把旧钱花出去，而留下“新票”。道理很简单，就是出于对新钱的偏好。从这种偏好中，就出现了格雷欣法则的萌芽。

在古罗马时代，人们就习惯从金银钱币上切下一角，这意味着在货币充当买卖媒介时，货币的价值含量就减小了。古罗马人不是傻瓜，他们很快就觉察到货币越变越轻。当他们知道货币减轻的真相时，就把足值的金银货币积存起来，专门使用那些不足值的货币。这个例子说明：坏钱把好钱从流通领域中排挤出去了。

格雷欣法则虽然起源于货币流通领域，但在商业流通领域也有泛化倾向，人们会用这一法则来泛指价值不高的东西会把价值较高的东西挤出流通领域，比如大量的山寨货或盗版因为价格低廉而将正品挤出市场。

故事延伸

除了金融和商业领域，在社会上的其他领域中也存在这样的现象。学者吴思曾经提出过“淘汰清官”的说法，在他所写的《潜规则》中有大量的案例说明。在这里，我们引入一个在《南方周末》刊登过的故事。

一位学成归来的医生，就职于某市某家大医院。该医生不仅医术高超，而且医德高尚，工作兢兢业业、尽职尽责。仅有这些，还就罢了，此医生有一“怪癖”，就是从来不“笑纳”病人私下主动递上来的“红包”。这还得了！马上就激起了该医院大多数医生们的一致愤怒。

于是，最后由院方出面，对这个医生做出撤职处理，解除了聘用合同，并且不是简单地让他一走了之，还给他扣了几顶不大不小的“帽子”，言明这个医生工作一向不称职、不能胜任医生的神圣岗位，弄得这位医生下岗后四处求职不得，只好被迫远走他乡，出国另谋他路。

> 意大利著名作家卡尔维诺曾写道：在一个人人都偷窃的国家里，唯一不去偷窃的人就会成为众矢之的。因为在黑羊群中出现了一只白羊，这只白羊就是“另类”，一定会被驱逐出去。

管理启示

企业在人力资源管理方面常常出现类似情形，由于在薪酬管理方面没有充分体现优质优价原则，于是公司充斥着大量低素质和低能力的员工，高素质和高能力员工的比例不断下降，或者高素质和高能力的员工也逐渐堕落为低素质和低能力的员工。

然而，这只是格雷欣法则刚开始起效时的情形。之后的演变是，由于员工素质和能力水平的下降，企业的竞争力随之下降，企业的发展出现恶性循环，久而久之，企业必将从市场中消失。

格雷欣法则提醒管理者，当市场有两种不同标准的同样产品/绩效（或人才）时，要有不同的定价标准。只有对优质的产品/绩效（或人才）给予相应的较高的定价，才能吸引更多的优质产品/绩效（或人才），才能防止“劣币”驱除“良币”的情况出现。

同样，管理者也应该及时根据企业的特性和发展制定有效的奖励标准，以使员工积极往真正能推动企业发展的方向努力，而不是为了迎合管理者的好恶而做出对企业毫无积极作用的事情，从而把那些真正为企业着想的员工挤兑出局。

霍桑效应

编者荐语

在看待职场人士时，我们应该把他们视为“经济人”还是“社会人”?

对于企业经营来说，我们应该通过管理智慧将员工的能力发挥到极致，同时将企业的投入和成本控制在一定的范围之内。如果将员工视为“经济人”，这对企业来说是有很大的风险的；但是如果忽视了员工的经济属性，企业也将无法持续发展。

管理并不完全是数字理学，也应该是一种人文艺术。如何通过有效的管理，控制成本，提升效率，这是企业永恒的重要命题。

基本释义

霍桑效应（Hawthorne Effect），也称“霍索恩效应”，是心理学上的一种“实验者”效应，是指当人们在意识到自己正在被关注或者观察的时候，会刻意去改变一些行为或者是言语表达的效应。

霍桑效应起源于1924年至1933年的一系列实验研究，并由以哈佛大学心理学专家乔治·埃尔顿·梅奥（George Elton Mayo）教授为首的研究小组提出此概念。

“霍桑”是美国西部电气公司坐落在芝加哥的一间工厂的名称，是一座进行实验研究的工厂。实验最开始研究的是工作条件与生产效率之间的关系，包括外部环境影响条件（如照明强度、湿度）以及心理影响因素（如休息间隔、团队压力、工作时间、管理者的领导力）。

实验的第一阶段是从1924年11月开始的工作条件和生产效益的关系的研究，设为实验组和控制组。结果是，不管是否增加或控制照明度，实验组产量都上升，而且照明度不变的控制组产量也增加。

另外，又实验了工资报酬、工间休息时间、每日工作长度和每周工作天数等因素，也看不出这些工作条件对生产效益有何直接影响。

第二阶段的实验是由美国哈佛大学教授梅奥领导的，着重研究社会因素与生产效率的关系，结果发现生产效率的提高主要是由于被实验者在精神方面发生了巨大的变化。

实验发现，由于参加实验的工人被置于专门的实验室并由研究人员领导，其社会状况发生了变化，受到各方面的关注，从而形成了参与实验的感觉，觉得自己是公司中重要的一部分，从而使工人从社会角度方面被激励，进而促进产量上升。

管理启示

霍桑效应告诉我们一个简单的道理，人们潜能发挥的多少与其被关注的程度成正比。在企业中，被关注的人群的表现整体会优于没有被关注的人群，这会形成一个循环，即一个人越被关注就会表现越好，他表现越好就会越被关注，这样的循环终将把他推向一个成功和成名的最高点；而一个人越不被关注就会表现越差，他表现越差就越会被忽略，这样的循环终将把他推向被抛弃和落寞的结局。

所以，作为企业管理者，应当主动并积极地给予每一位员工关注和鼓励，在各种场合让员工感受到自己一直是被关注和鼓励的对象，这样会让员工一直保有工作的积极性，不断提高工作效率，以越来越优异的表现回馈企业。

当然，管理不是绝对的。管理是在当下的时代对特定的一群人的管理，什么样的团队决定我们应该采用什么样的管理方式。我们应该强调员工的经济属性还是社会属性呢？如果追溯人类的起源，人还是群居动物，过着以家庭或家族为单元的集体生活，这从开始到现在一直没有变过。在家庭当中，经济并不是决定和谐的因素，而相互的关心和爱护才是根本。

所以，要提高工作效率，对员工的关心和爱护或许会远胜于物质条件的过度给予。

激励倍增法则

编者荐语

人员激励分很多种，常见的有薪酬的增加、职位的晋升、学习与培训的机会、公司期权的分配，等等。其实人员的工作和生活状态在很大程度上是由主观意识决定的，工作热情和工作效率受到客观条件的影响，但最根本的是来自人自己内心的动力。

人是一种复杂的动物，我们既有物质的追求也有精神的追求，我们既受到周遭文化的影响，也有自己独立的判断与价值观；我们都是一个大众意义上的人，但也是一个与众不同的特殊个体。如何让每一个员工随时随地保持高度的工作热情，保持最佳的工作状态，使企业在人力这一层面获得最高的投入产出比，是企业管理者的一门必修课。

基本释义

激励倍增法则（Appraising Law）是美国管理学家彼得·德鲁克提出的，他指出利用赞美激励员工，管理者可以获得高杠杆的回报。对于管理者来说，我们赞赏员工只需要中听的语言和美丽的微笑，但是被赞赏者得到的却是一种难以比拟的精神上的认同和激励，必将提高他的工作热情，因此为企业做出更大的贡献。

喜欢受到表扬是人之常情，人人都喜欢得到正面的赞赏，而不喜欢受到负面的责备。在人际交往中，赞美他人会使对方身心愉悦，被赞美者的积极回报也会彰显我们的人格魅力，让我们产生交往的美好体验，从而形成人际关系的良性互动。

在管理中，管理者和员工的关系是非常重要的。如果在相处中双方都有愉悦的感受，那工作的气氛和状态都会很好；如果没有相互的欣赏和赞美，那双方的关系也会破裂，最终导致员工的离职。

研究者发现，在关于员工主动离职原因的调查中，因为和上司的相处不融洽是员工离职的主要原因之一，无论什么情况，员工主动离职都是一个不好的现象。

管理启示

如果我们以杠杆效应的思维来看待员工激励，那每一种激励形式其实都是一个支点，我们可以通过这一支点轻易地“撬动”员工的工作热情。为什么要不断提高员工的工作热情呢？因为如果一个人对工作没有热情，那工作的成果一定不佳，工作效率也会很糟糕，企业的人力成本就会增加。

那么，在这些支点中，我们需要针对员工的特性进行选择或组合，以达到最佳的人力成本投入产出。如果我们对常见的激励方式进行成本比较，那薪酬激励应该是成本最高的，而赞赏激励应该是成本最低的。另外，薪酬激励应该是最物质化的，而赞赏激励应该是最精神化的。所以，管理者一定要利用好赞赏激励这一种精神化的成本最低的激励方式。

管理者要学会使用激励的杠杆，使员工始终处于工作的最佳状态。松下电器创始人松下幸之助是一位懂得用赞赏激励员工的管理者，他常常对员工说：“（这件事）我做不到，但我知道你们能做到。”在他的管理生涯中，他常常要求高级管理人员给员工“端菜”（做服务工作）。管理者应该尊重员工、赞美员工、鼓励员工，让员工在愉悦的精神状态下，最大限度地激发他们的工作热情，发挥他们最大的创造力。

不可否认，人类首先是物质和利益的追逐者，但是我们也需要拥有温暖和快乐的精神家园。在薪酬和待遇差别不大的前提下，相信更擅长于利用赞赏进行杠杆激励的管理者，更能吸引、发挥和留住优秀的人才，也带给企业更好的发展。

倒U形假说

编者荐语

企业发展是一个无休无止的过程，管理工作不是一项阶段性的工作，而是一项长期和没有终点的工作，所以管理者的情绪和状态尤为重要。没有激情的管理者，不会管理出一家有活力的公司；而激情过度的管理者，他的激情也有可能“烧毁”一家公司。

管理者应该时刻管控自己的激情，时刻激情四射，以激情感染自我，感染身边的员工；同时又不因过分激情而出现冲动管理，极端决策。

基本释义

倒U形假说，也称“贝克尔境界”，是关于成绩表现与唤醒水平之间的关系的理论假设，由英国心理学家罗伯特·耶基斯和多德林共同提出。

倒U形假说认为每项任务都有一个最佳的唤醒水平，未达到或超过这个水平，活动效率（成绩）都会下降。成绩与唤醒水平之间呈倒U形曲线关系：随着唤醒水平的不断提高，成绩也会不断提高，直至达到最佳唤醒水平；而当唤醒水平进一步提高时，成绩则开始下降。

就工作来说，当一个人一点儿都不兴奋时，是没有做好工作的动力的；当他保持适度兴奋时，就能把工作做得最好；但是当他过度兴奋时，随之而来的压力可能会使他不能完成原本能完成的工作。

世界网坛名将贝克尔之所以被称为“常胜将军”，其秘诀之一即是在比赛中自始至终防止过度兴奋，而保持半兴奋状态，所以有人也将倒U形假说称为“贝克尔境界”。

管理启示

欲使潜能出，当有三分狂。对于管理者来说，一是要让自己保持适度的激情，二要激励员工也保有适度的激情，两点兼备才可使整个企业或团队高效完成任务，达成目标。

在管理过程中，应当通过适当的激励，时刻调动员工的工作热情，发挥他们的主观能动性，使他们兴奋起来，进而发挥个人的最大潜能，更快更好地实现目标。不过，激励也要讲究分寸和把握适度原则。适度的激励才是有效的激励，否则物极必反，过犹不及。

激情过热，激情就会把理智烧光，而热情中的冷静让人清醒，冷静中的热情使人执着。

二六二法则

编者荐语

每个组织里面都有积极的成员，也会有消极的成员。

每个人都是不一样的。如何提高一个团队的积极性，让积极的成员带动整个团队的气氛，而不要让消极的成员拖垮整个团队的战斗力，这是管理者需要考虑的问题。

在这方面，二六二法则，或许能给管理者一些启示。

基本释义

二六二法则的出处不详，基本的释义是指在任何一个组织里面，都有20%的积极者和20%的消极者，以及60%的中性态度者。

例如，在一个项目组中，一般会有20%对项目充满热情的人，有60%对项目不冷不热的人，有20%对项目持反对态度的人；再如，在一个班级中，有20%天生爱学习的学生，60%随大流的学生，20%天生厌学的学生。

二六二是统计学上的一个平均概率，并不是绝对的。

管理启示

对于团队的管理者来说，我们面对的员工中，从业绩方面来说，一定有20%的业绩优秀者，60%的业绩中间者，20%的业绩糟糕者；从管理决策来说，一定有20%的赞成声音，60%的“默不作声”，20%的反对声音。

在市场上，有“劣币驱除良币”的说法，所以管理者必须警惕20%的消极和负面员工影响整个团队的士气。管理者通过对前20%的员工进行奖励和对后20%的员工进行惩罚，将有利于提高60%的中间派员工的工作积极性，因为60%的中间派员工才是团队的主力军。

弗里施法则

编者荐语

对于企业来说，什么是最重要的呢？

我们可能会说是市场，也可能会说是技术，也可能会说是人才。

那对于企业来说，到底什么才是第一位的呢？

对于这一点，绝大部分的管理者都会回答，顾客自然是第一位的，因为我们都说“顾客是上帝”嘛。

“顾客是上帝”是没有问题的，因为企业发展必须依赖于足够的顾客，企业所有的利润都来自顾客，但其实这只是表面的。

本质上，顾客的产生和市场的增长源于企业员工的努力。如果没有员工的努力，企业何来顾客呢？所以，从逻辑上来看，管理者的表面目标是优化顾客的感受，但在实际工作中应该更关注企业员工的感受。

基本释义

弗里施法则由德国慕尼黑企业咨询顾问弗里施提出。弗里施认为，没有员工的满意，就没有顾客的满意。有了员工的满意，才会有客户的满意。在一条完整的服务价值链上，服务产生的价值是通过人，也就是企业的员工在提供服务的过程中体现出来的价值。

弗里施法则从根本上认为员工是第一位的，因为一切都来源于员工的付出和努力；而顾客是在员工之后的，因为顾客的满意来自员工的满意；而股东自然就成为最后一位的，因为只有顾客的满意才会有市场基础，企业才会有收益。

管理启示

其实，尽管企业管理理论发展到今天，大部分企业的做法依然是和弗里施法则背道而驰的，但很多优秀企业管理之道是符合弗里施法则的。

几乎每家企业都习惯于将客户满意度挂在嘴边，并为此绞尽脑汁地翻新着服务的花样。但他们往往会发现，这些新花样到后来所起的效果并非总是那么显著。原因何在？因为很多企业忽视或者没有足够重视“让自己的员工满意”，也就是没有不断提高员工的满意度。

从根本上来说，员工能否用认真的态度、礼貌的言行和贴心的关怀对待顾客，是与他们对企业提供的各方面的软硬条件的满意程度息息相关的。因此，只有加大对员工满意度与忠诚度的关注，才是提升企业服务水平的关键。

曾任星巴克CEO的霍华德·舒尔茨提出了星巴克的管理模型，在金字塔的顶端是员工，中间是顾客，最下面是股东。星巴克没有员工的概念，大家相互称呼对方为“伙伴”，管理者首先关注的是员工的需要和感受，凭借员工的高满意度，给顾客带来超级满意的体验。

在星巴克的员工眼里，也没有顾客的概念，他们将每一个顾客视为他们的朋友，他们只是用快乐的心情给“朋友”提供一杯美味的咖啡，而这种“快乐的心情”的前提，其实是他们对星巴克的高度认同和忠诚度，也即对星巴克企业的超级满意，从而在这种超级满意的工作状态中带给顾客另一种超级满意。

服务的核心是提供服务的人，我们很难想象一名心情糟糕、满腹抱怨的员工能给顾客带来美好的服务感受。每个人都愿意为自己喜欢的人做任何事情，同样的道理，相信每一个员工都愿意为自己喜欢的公司做任何事情。

所以，对于管理者来说，首先要让公司成为员工喜欢的公司，照顾到每一位员工的需求，让他们没有后顾之忧，尽可能地让他们心情愉悦。如此，他们会忘我地工作，进而为顾客提供最完美的服务。

懒马效应

编者荐语

职场形形色色，什么样的员工都有。作为一名员工，我们是应该做一个为了企业发展忘我奉献的人，还是做一个为了一己之利偷奸耍滑的人？作为一名管理者，我们应该如何分辨优秀的员工和拙劣的员工？我们应该如何提高团队整体的战斗力？

其实每个人每天的工作时间长短都是一样的，但是每个人每天的工作成果却有很大的不同。一名勤奋的员工一天的时间可能能完成一名懒惰的员工一周甚至一个月的工作，而且勤奋的员工还会带动整个团队工作效率的提高，而一名懒惰的员工正好相反。

然而，在现实的职场中，勤奋的员工和懒惰的员工可能并没有得到区别对待，这不仅很伤害勤奋员工的积极性，也变相包庇了懒惰的员工，促成了整个团队的懒惰风气，这样的管理者是不合格的。

基本释义

懒马效应来自职场流行的一则励志故事，它所讲的是两匹马的故事。这个故事可能有不同的版本，这里所讲的只是其中一个综合版本。

一个农户用两匹马拉两辆车，一马走得快跑在前面，一马慢慢吞吞走在后面，于是主人就把后面的货全搬到前面，让慢的马空车。

之后主人觉得用那匹快马拉车就好了，就让慢的马留在家里干零活儿。于是，快马多干了一匹马的工作，吃的还是那些草料。慢马则不用再干重活儿，生活惬意，“待遇”也没有降低，慢马觉得相当得意。

转眼到了年底，主人家准备过年招待客人，发现肉不足了。主人看到“闲逛”的懒马，就把它宰了，变成了美味招待客人。

故事中的“懒马”比喻职场上那些不愿出力和偷懒的员工，它告诫职场的“懒马”，如果不积极努力工作，一旦让老板觉得你可有可无，那你被踢出团队的日子也就不远了。

管理启示

人的一天应该怎么度过呢？我认为只有当一个人精疲力竭地躺在床上的时候，他才可以安然睡去，也才真正对得起一天吃过的粮食，这样地工作和生活才是对生命的负责。

从员工的角度来说，无论身处什么样的企业，无论承担什么样的角色，我们都应该在自己的岗位上竭尽全力，不荒废每一天的时间。作为管理者来说，我们应该给予那些勤奋高效的员工相应的奖励，感谢他们的付出，并让他们的付出有相应的回报；同时，我们也要及时发现并对那些不够投入的员工给予相应的管理或惩罚，以确保团队的整体效率和竞争力。

不奖励勤奋的员工，或者不惩处懒惰的员工，等同于管理者不作为。这样的管理者是不合格的，他们其实也是企业中的“懒马”，应该被更高的管理者惩处。

如果企业中长期存在“懒马”，就是人力资源部门失职或“懒惰”的表现，如果人力部门能对岗位职责做好科学和健全的设置，并建立起完善的激励和考核体系，那企业中是不可能有“懒马”的生存空间的。

雷尼尔效应

编者荐语

吸引和留住人才靠什么？

高昂的薪水？足够的权利和信任？未来发展的机会和空间？

人工作是为了什么？

为了谋生？为了实现个人价值？为了在群体中获得温暖和归属感？

应该说，人工作的目的是多元化的，而且是不尽相同的。那么，我们吸引和留住人才的方式也应该是多元化的，也是应该考虑个体的不同属性的。

基本释义

雷尼尔效应（Renier Effect）来源于美国西雅图华盛顿大学的一次风波。

华盛顿大学曾在校区内选择了一块土地，准备在那里修建一座体育馆。消息传出，立即引发教授们的强烈反对。教授们之所以抵制校方的计划，是因为体育馆预选的位置就在校园内的华盛顿湖畔。如果场馆建成，必将挡住通过教职工餐厅的窗户就可以欣赏到的美丽的湖光山色。

教授们为什么反应如此强烈呢？在当时，与美国其他高校的工资相比，华盛顿大学教授们的工资平均要低20%左右。那为何华盛顿大学的教授们愿意无条件接受较低的工资呢？

原来，很多教授之所以接受华盛顿大学较低的工资，完全是出于留恋西雅图的湖光山色。西雅图位于北太平洋东岸，华盛顿湖等大大小小的水域星罗棋布，天气晴朗时就可以看到美洲最高的雪山之一——雷尼尔山峰，开车出去还可以看到一息尚存的圣海伦火山。

因为在华盛顿大学教书可以欣赏到这些湖光山色，所以很多教授宁愿牺牲获取更高收入的机会。他们的这种偏好，被华盛顿大学的经济学教授们戏称为“雷尼尔效应”。

由此看出，美丽的景色也是一种无形的财富，它能起到吸引和留住人才的作用。华盛顿大学教授的工资，其中80%是以货币形式支付的，另外20%是由美好的工作环境来“支付”的。

管理启示

如果说，西雅图的美丽风光可以吸引和留住华盛顿大学的教授们，那么，企业也可以制造“美丽风景”来吸引和留住人才。

在企业管理中，单纯的薪酬变化不一定能提高员工的积极性，管理者要综合考虑薪资结构的变化，包括对个人自我需求最优化的考虑，即考虑如何提高个人的舒适度和自我实现度。同时，还要寻求薪酬变化的替代品，如用职位的变动来替代薪酬的变化，用企业文化的提升来替代单纯的薪酬变化。

换句话说，吸引和留住人才的不仅仅是高昂的薪酬待遇，还可以是企业其他方面的“美丽风景”，即优良的工作环境和企业文化氛围。优良的工作环境和企业文化氛围作为一种重要的无形财富，能起到吸引和留住人才的作用。

在现代企业中，企业会在办公场所开设咖啡间，开设健身和休闲空间，给员工提供灵活的休假制度和较多的学习培训机会，也会提供大量和形式多样的聚会机会，以此来提高员工在工作时间内的愉悦体验。

作为员工，他们的追求是多种多样的，很少有员工会认为他工作的唯一目的是赚钱；员工的需求是综合性的，单纯满足员工薪酬需求的企业是不长久的。企业总有高峰期和低谷期，不可能永远保持高薪酬，而且要完全满足员工对薪酬的欲望也是不可能的。

要想在提高员工的满意度和忠诚度，保证人才稳定性的同时，不断吸引优秀的人才，管理者就需要在薪酬之外，在工作环境、沟通空间、学习机会、企业文化和价值观等方面，寻找和设计更多的“美丽风景”，让员工在愉悦的状态中，陪伴企业一直走下去。

马蝇效应

编者荐语

人是有两面性的，人可以很积极，也可以很消极；人可以很拼命，也可以很懒惰。在不同的情境下，人们会有完全不同的表现。对于管理者来说，我们必须激发员工积极和拼搏的一面，而尽量避免员工表现出消极和懒惰的一面。

在动物界，当动物拥有一定的猎物或食物后，就会悠闲起来。就算你把猎物或食物放在它们面前，它们也不会看在眼里。在作者看来，即便是作为高等动物的人类，从本质上说也是懒惰和贪图安逸的，除非出于某种利己的目的，才会表现出积极和拼搏的一面。

如何激发员工的工作积极性，让每个人都拿出百分百的热情和精力废寝忘食地为企业创造价值，这是需要管理者思考的问题。

基本释义

马蝇效应（Horse Flies Effect）由美国总统亚伯拉罕·林肯提出，意思是再懒惰的马，只要身上有马蝇叮咬，也会精神抖擞，飞快奔跑。

马蝇带给马的是一种疼痛的刺激，这让马不得安宁，再也无法悠闲自在，使它不得不动起来。如果我们给马一种摆脱马蝇或者解除疼痛的方法，马一定会按照我们的方式去行动。

关于马蝇效应的来源，有这样一则故事。

林肯少年时和兄弟在农场里犁地，林肯吆马，他的兄弟扶犁，但那匹马很懒，慢慢腾腾，走走停停。可是突然间马走得飞快，林肯感到奇怪，到了地头，他发现有一只很大的马蝇叮在马身上，他就把马蝇打落了。看到马蝇被打落，他的兄弟就抱怨说："哎呀，你为什么要打掉它，正是那家伙让马儿跑起来的啊！"没有马蝇叮咬，马就慢慢腾腾，走走停停；有了马蝇叮咬，马就不敢怠慢，跑得飞快。于是，这一现象被林肯总结为马蝇效应，并在他后期的政治生涯中进行了充分地运用（在本节的末尾，会介绍其在总统生涯中运用的经典案例）。

其实，马蝇和马鞭有类似的效果。为了让马快速奔跑起来，我们往马的身上狠抽鞭子，马禁不住疼痛，于是竭力狂奔。我们一旦不抽鞭子，马就又开始放慢速度。如此反复，马习得了一种条件刺激反应，就是通过狂奔来避免鞭子抽打的疼痛感。所以，马不被抽打就不会狂奔，要让马狂奔起来，就必须不断抽打它们。

故事延伸

关于林肯所提出的马蝇效应，还有这样的一则故事。

在1860年大选结束后，有位叫作巴恩的银行家看见参议员萨蒙·波特兰·蔡思从林肯的办公室走出来，就对林肯说："你不要将此人选入你的内阁。"

林肯问："你为什么这样说？"

巴恩回答："因为他认为他比你伟大得多。"

"哦。"林肯说，"那你还知道有谁认为比我要伟大的？"

"不知道了。"巴恩说，"不过，你为什么这样问？"

林肯回答："因为我要把他们全都收入我的内阁。"

这位银行家的话是有根据的，蔡思的确是个狂妄自大的家伙。不过，蔡思也的确是个大能人。林肯十分器重他，任命他为财政部部长，并尽力减少与他的摩擦。

蔡思狂热地追求最高领导权，而且嫉妒心极重，他本想入主白宫，却被林肯“挤”出来了，他不得已退而求其次，想当国务卿。林肯却任命了西华德，他只好坐第三把交椅，因而怀恨在心，愤愤不平。

后来，时任《纽约时报》主编的亨利·雷蒙特搜集了蔡思的很多资料，他在拜访林肯的时候，特地告诉他蔡思正在狂热地上蹿下跳，以谋求总统职位。

林肯以他特有的幽默讲道：“雷蒙特，你不是在农村长大的吗？那么你一定知道什么是马蝇了。有一次我和我的兄弟在肯塔基老家的一个农场犁地，我吆马，他扶犁。这匹马很懒，但有一段时间它却跑得飞快，连我这双长腿都差点儿跟不上。到了地头，我发现有一只很大的马蝇叮在它身上，于是我就把马蝇打落了。我的兄弟问我为什么要打掉它。我回答说，我不忍心让这匹马那样被咬。我的兄弟说，‘哎呀，正是这家伙才使马跑起来的嘛’！”

然后，林肯意味深长地说：“如果现在有一只叫‘总统欲’的马蝇正叮着蔡思先生，那么只要它能使蔡思不停地跑，我就不想去打落它。”

管理启示

马蝇效应的普遍启示就是，一个人只有不断“被叮咬”，他才不敢松懈，才会努力拼搏，不断进步。从企业管理的角度来说，“马蝇”其实就是管理中的激励因素。优秀的管理者，都应该选择合适的激励因素，运用激励之术，让有能力的员工热情工作。

在管理实践中，马蝇效应应该作为高明管理者的有效工具。如果一个部门或一个团队长时间保持“风平浪静”，其最终的状况往往是表面上一片“和谐”，实则“一坛死水”，而且这种“平静”必将使团队失去激情，慢慢丧失战斗力。因此，优秀的管理者应该随时关注员工的工作状态，通过工作因素的改变，如轮岗或调岗、竞争上岗、末位淘汰、执行新的绩效方案等，让员工“不得安宁”，以影响他们的工作行为，不断激发他们的热情和斗志，以防止团队在“安逸中死亡”。

不过，员工的需要和欲望可能各有不同，所以管理也不应是绝对标准化的。如果条件允许，管理者应该针对不同的员工设计不同的刺激物。有的员工比较看重职位的权利，有的员工比较看重人性化的尊重，有的员工比较看重金钱的回报。针对不同的员工，只有用不同的方式去激励，才会让他们“奔跑”起来。

蘑菇管理

编者荐语

相对于老员工的管理，我们在管理新人时，会区别对待吗？我们在哪些方面会区别对待呢？我们对新人的管理成效如何？我们在管理新人时，都面临或出现过哪些问题呢？

毋庸置疑，在企业管理中，如何对新人进行管理，是一个必须面对的课题。对企业来说，新人可能给企业创造新的发展机会，也可能会浪费企业的人力培养成本，甚至给企业造成发展风险。所以，如何管理新人，才能规避风险，获得相对稳定的收益呢？这需要管理者应用科学的管理原则。

基本释义

“蘑菇管理”一词源于20世纪70年代一批年轻的电脑程序员的经历。由于当时人们不理解他们的工作，对他们持怀疑和轻视的态度，所以程序员们就自嘲“像蘑菇一样生活”。

在管理学领域，“蘑菇管理”是指职场新人或初学者往往不受重视，大多被置于“阴暗的角落”（不受重视的部门，或打杂跑腿的工作），然后被浇上一头“大粪”（无端的批评、指责、代人受过），任其“自生自灭”（得不到必要的指导和提携）。

他们面临的这些状况就像蘑菇的生长经历一样，职场新人或初学者大多都有过或长或短的记忆深刻的“蘑菇经历”。管理学家将这样的境遇称为“蘑菇管理”。

那么，新人的“蘑菇经历”或者企业的“蘑菇管理”到底是好还是坏呢？

对于新人来说，“蘑菇经历”其实不是什么坏事。尤其是当一切刚刚开始的时候，当一段时间的“蘑菇”，正好能够消除我们很多不切实际的幻想，让我们更能看清现实，处理问题时更加实际。换句话说，“蘑菇经历”对于成长中的年轻人来说，就像蚕茧，是羽化前必须经历的一步。一旦我们“不幸”做了“蘑菇”，不要逃避，但也不要自认倒霉而安于做“蘑菇”，而要以充满阳光的心态积极应对这种境遇。身处低位，不能没有积极向上的心。

另外，在机构比较正式的单位或大公司，“蘑菇管理”可能是组织或老员工对待新进者的惯性心态。很多理性的管理者也往往以“蘑菇式管理”对待初出茅庐者，这其实也是一种发现更具韧性和发展力的人才的管理方法。

故事延伸

所罗门王的礼物

一次，所罗门王把一个小女孩带到稻田跟前说：“你不是想要一件贵重的礼物吗？我可以赏给你，但你要替我做一件事情——把这片稻田里最大的稻穗选出来，拿给我。”

小女孩高兴地答应了。

“但是，我有一个条件。”所罗门王接着说，“你在经过稻田时，要一直向前走，不允许停下来，也不能退回来，更不能左右转弯。你要记住，我给你的礼物，是与你选择的稻穗大小成正比的。”

结果这个小女孩从稻田里走出来后，什么礼物也没有获得。

因为一路上她总是嫌所看见的稻穗太小了。

管理启示

蘑菇的生长有什么特性呢？

蘑菇的生长需要一定的养料和水分，但大多不能接受阳光的直接照射，需要在阴暗潮湿的角落发育，过早或过分的曝光会导致其过早夭折。另外，蘑菇的养料可能是动物的排泄物或腐烂恶臭的动植物，虽然看似脏臭，但却是蘑菇成长必需的养分来源。

正所谓“生于忧患，死于安乐”。其实对于员工的发展，特别是新人的成长来说，埋头苦干，谦虚学习，在看似恶劣和不公平的条件下，努力向上，既能让其养成谦虚谨慎、坚忍不拔的优良品格，也能为其未来的发展打下坚实的基础，同时也可提高他们的能力。从这个角度看，这样的“蘑菇经历”其实是我们职场生涯中的一笔财富。

如古人所说，“天降大任于斯人也，必先苦其心志，劳其筋骨，饿其体肤”，很多时候吃苦受难并非坏事。“蘑菇经历”对于年轻人来说犹如破茧成蝶，如果承受不起这些磨难，就永远不会成为振翅高飞的蝴蝶。所以，我们都应当积极乐观、踏踏实实地走过生命的这一“蘑菇”阶段。

当然，如果当“蘑菇”的时间过长，就有可能成为众人眼中的无能者，慢慢地自己也可能就认同了“蘑菇”这一角色，这样的话就是人生发展的灾难了。所以，如何做到高效率地走过生命中的这一段，从中尽可能汲取经验，成熟起来，树立良好的、值得信赖的能力形象，是每个刚踏入社会的年轻人必须面对的课题。

其实，在中国古代和当下，“蘑菇管理”都是一种普遍的社会现象。大多传统行业收学徒时，在刚开始师傅都不会教学徒什么，只会安排他们做一些跑堂之类的杂事，不管学徒喜不喜欢，都必须做，而且必须做好。徒弟没有选择的权力，如果做不好杂事，也就没有了当学徒的资格。

对于管理者来说，也应该意识到“蘑菇经历”对于新人的重要意义，不要过早地将新人提拔到过高的职位，或赋予过于重要的职务。这对企业来说，是一种冒险，对新人来说，也给其职场发展增加了隐患。过早提拔新人是不够稳重和理性的管理行为。

5

信息沟通篇

习得性无助效应

编者荐语

你听到过员工这样的抱怨吗?

“那么努力做什么呢?反正不管怎么努力领导都看不见。”

“我想辞职了,我做的所有,都是不被认可的。”

“你看那些和领导关系好的,噌噌噌地往上爬。我们这种不懂溜须拍马的,是不可能有出头之日的。”

“我是不可能升职了,我已经决定混日子,破罐子破摔了。”

当你听到这样的抱怨时,可能是需要考虑员工激励问题的时候了。

基本释义

习得性无助(Learned Helplessness),泛指因为重复的失败或惩罚,而造成的听任摆布的行为。从心理学角度来讲,习得性无助专指由于多次努力仍无法达成目的后,形成的一种对现实绝望和无可奈何的行为及心理状态。

用行为学的专业术语来解释,习得性无助的表现,是人们在第一情境中习得的经验,不恰当地泛化到了第二情境中。

举例来讲,如果一个学生的数学成绩不好,经过多次努力,依旧无法在考试中及格。他的内心就会充满对数学学习的绝望,认为自己天生就是无法学好数学的,甚至连同其他功课也无力完成。当他面对新的数学学习任务时,会自然而然地产生绝望心理和直接放弃行为,这就是习得性无助的典型表现。

最早，习得性无助是美国心理学家赛利格曼1967年在研究动物时提出。他用狗做了一项经典实验：最初把狗关在笼子里，只要蜂音器一响，就给狗以难受的电击，狗关在笼子里逃避不了电击。多次实验后，蜂音器一响，在给狗电击前，先把笼门打开，此时狗不但不逃而是不等电击开始就先倒在地上开始呻吟和颤抖。本来可以主动地逃避，却绝望地等待痛苦的来临，这就是习得性无助。

赛利格曼对人类也做了一系列实验，实验证明，这种现象在人类身上也会发生。如果一个人觉察到自己的行为不可能达到特定的目标，或没有成功的可能性时，就会产生一种无能为力或自暴自弃的心理状态，具体表现为认知缺失、动机水平下降、情绪不适应等心理现象。当然，人有主观能动性，能够对客观环境和主体因素进行分析，对自己行为失败的结果进行归因。当一个人将不可控制的消极事件或失败结果归因于自身的智力、能力的时候，一种弥散的、无助的和抑郁的状态就会出现，自我评价就会降低，动机也会减弱到最低水平，无助感也由此产生。

在现实生活中，那些长期经历失败的儿童，久病缠身的患者，无依无靠的老人，他们身上常常会出现习得性无助的特征。当一个人发现无论他如何努力，无论他干什么，都以失败而告终时，他就会觉得自己控制不了整个局面。于是，他的精神支柱就会瓦解，斗志也随之丧失，最终就会放弃所有努力，彻底陷入绝望。

心理学家的大量实验发现，因习得性无助而产生的绝望、抑郁和意志消沉，是许多心理问题和行为问题产生的根源。

管理启示

可以说，每一个进入职场的人都是抱着热情和成就一番事业的心态开始的，每个人都准备好了奋斗的信心和决心。如果员工出现信心的丧失或放弃的心理，则不应该完全归咎于员工个人，因为管理者在此时是必须发挥相应的管理职能的。

每个人在工作中都会碰到各种各样的问题，当我们用各种方法都无法解决面临的问题时，就会放弃努力，消极面对问题，被动接受结果。当员工发现自己无论多努力都得不到上级的认可，或得不到奖励或职位的提升时，也会放弃努力，开始厌倦工作，继而产生离职的念头。管理者一旦发现这两种状况，就应该及时给予关注，给予必要的支持和鼓励，帮助员工重拾信心。

毋庸置疑，消除员工的习得性无助感，是每一位管理者的职责所在，管理者必须在奖励与晋升机制、团队协作以及企业信息沟通这几个方面进行系统完善。

首先，管理者需要建立公平的奖励和晋升机制，应以标准的制度来考核，而不应以管理者自身的喜好来判断，以保证员工的每一次努力都有相应的回报。

其次，我们需要建立塑造团队协作的企业文化和相应的机制，在目标和问题面前，充分发挥团队的整体能力，让每一位员工在面对难题时，都可以向团队寻求帮助，而不是孤军奋战、无人支援。在团队中，若成功与失败都无人理解、分享和分担，则容易给员工以习得性无助感。

最后，企业在人力资源和绩效管理方面，需要建立开放透明的信息系统，消除企业内部信息不对称的情形，避免造成员工之间的猜忌与不信任。因为很多员工形成的习得性无助感，其实是受到了不真实、不确凿的信息或流言蜚语甚至是谣言的影响，而对企业管理层或管理行为产生了误解或认知偏差，从而产生不必要的习得性无助感。

南风法则

编者荐语

企业应该实行冷酷无情、强暴凶狠的管理，还是实行润物无声、春风化雨的管理？

管理包括了人为的管理和制度的管理。在古代的国家管理中，有“法外开恩”“法律是死的，人是活的”的说法，也就是在管理中既有法制的千人一面，也有人治的千人千面。换个角度来说，也就是管理会因人而异，在制度之外，管理者的性格和风格会影响管理的实施。

在企业组织中，有的管理者雷厉风行，不容人情；有的管理者生性温和，平易近人。那么，究竟哪一种管理风格更值得推崇呢？

基本释义

南风法则（South Wind Law）也叫“温暖法则”，它源于法国作家拉·封丹的一则寓言。

北风和南风比威力，看谁能让行人把身上的大衣脱掉。北风一来就猛烈地吹，在凛冽的寒风中，行人们把大衣裹得越来越紧。南风则轻轻吹拂，顿时风和日丽，行人备感春意，不由得解开衣扣，继而脱掉大衣，于是南风获得了胜利。

在寓言故事中，“北风”着眼于短期效应，为了快速达到目的，一开始就呼啸而来，吹得人寒冷刺骨，结果行人把大衣裹得越来越紧；“南风”则具有长远目光，不急于求成，徐徐吹动，循序渐进，让行人感觉“温暖如春”，不自觉地脱掉了大衣。

管理启示

南风法则的寓意是“温暖胜于严寒”，南风徐徐吹动的“柔”比北风凛冽刺骨的“刚”效果更佳。对于管理者来说，它给我们的启示是，在对员工进行激励管理时，要讲究方式方法。

管理者应多运用南风法则，要尊重和关心下属。多点儿人情味，少点儿官架子，尽力解决员工工作、生活中的实际困难，使员工真正感觉到管理者给予的温暖，从而敞开心扉，丢掉包袱，使员工觉得虽然工作有压力但也备感动力和希望。员工在工作时充满快乐感、幸福感和愉悦感，自然工作热情高涨，处处为企业着想，工作效果和业绩也必然提高。

关于南风法则的管理精神，在日本企业中表现最为突出。曾有学者在总结日本企业高经济效益的原因时指出，日本几乎所有的公司都很注重人情味和感情的投入，给予员工家庭般的情感抚慰。“日本企业仿佛就是一个大家庭，是一个娱乐场所”，这也正是日本企业所追求的境界。

日本企业家岛川三部曾自豪地说，“我经营管理的最大本领就是把工作家庭化和娱乐化”。索尼公司董事长盛田昭夫也说：“日本公司最主要的使命，是培养它同雇员之间的关系，在公司创造一种家庭式情感，即经理人员和所有雇员同甘苦、共命运的情感。”

其实，日本企业的内部管理制度是非常严格的，但日本企业家深谙刚柔相济的道理。他们在严格执行管理制度的同时，又最大限度地尊重员工、善待员工、关心体贴员工的生活。例如，记住员工的生日，关心他们的婚丧嫁娶，促进他们成长和人格完善。这种抚慰不仅针对员工本人，还惠及员工的家属，使家属也感受到企业大家庭的温暖。

此外，日本大企业普遍实行终身工作制和内部福利制，让员工享受尽可能多的福利和服务，使其感受到企业对家庭所给予的温情和照顾。在日本员工看来，企业不仅是靠劳动领取工资的场所，还是满足自己各种需要的温暖大家庭。企业和员工结成的不仅仅是利益共同体，更是情感共同体。正是通过这种方式，日本公司的员工都对公司保持着高度的责任感和忠诚度。

热炉法则

编者荐语

这是春秋战国时期，关于孙子（孙武）的故事。

孙子给吴王演练兵法，他把180名宫女分为左右两队，指定吴王最为宠爱的两位美姬为左右队长，让她们带领宫女进行操练，同时指派自己的驾车人和陪乘担任军吏，负责执行军法。

分派完毕，孙子站在指挥台上，认真宣讲操练要领。他问道：“你们都知道自己的前心、后背和左右手吧？向前，就是目视前方；向左，视左手；向右，视右手；向后，视后背。一切行动，都以鼓声为准。你们都听明白了吗？”宫女们回答：“听明白了。”

安排就绪，孙子便击鼓发令，然而尽管孙子三令五申，宫女们口中应答，内心却感到新奇、好玩，她们不听号令，捧腹大笑，队形大乱。孙子便召集军吏，根据兵法，斩两位队长。

吴王见孙子要杀掉自己的爱姬，马上派人传令说：“寡人已经知道将军能用兵了。没有这两个美人侍奉，寡人吃饭也没有味道，请赦免她们。”孙子毫不留情地说：“臣既然受命为将，将在军中，君命有所不受。”之后，孙子执意杀掉了两位队长，任命两队的排头充当队长，继续练兵。

当孙子再次击鼓发令时，众宫女前后左右、进退回旋、跪爬滚起，全都合乎规矩，阵形十分齐整。孙子传人请吴王检阅，吴王因为失去爱姬，心中不快，便托词不来。

孙子便亲见吴王，他说："令行禁止，赏罚分明，这是兵家的常法，为将治军的通则。对士卒一定要威严，只有这样，他们才会听从号令，打仗才能克敌制胜。"听了孙子的一番解释，吴王怒气消散，便拜孙子为将军。

这则故事告诉了我们什么道理呢？

在面对规章制度的执行和对违反者的处罚时，我们应持什么样的态度和原则呢？

基本释义

热炉法则（Hot Stove Rule），是指组织中任何人触犯规章制度都要受到惩罚。由于触摸热炉与实行惩罚之间有许多相似之处，所以热炉法则常常在管理领域里被提及。

在企业管理中，热炉法则主要指规章制度的警示性、一致性、即时性和公平性。

（1）警示性。热炉火红，不用手去摸也知道炉子是热的，是会烫伤人的。与此相对应的是，管理者应该定期对员工进行规章制度教育，以示警告。

（2）一致性。每当你碰到热炉时，肯定会被烫伤。制度和执行是一致的，有制度就必须依照执行。也就是说，只要触犯规章制度，就一定会受到惩处。

（3）即时性。只要你碰到热炉，就立即会被烫伤。与此相对应的是，惩处必须在错误行为发生后立即执行，没有讲情面的余地，以便达到及时纠正行为的目的。

（4）公平性。在热炉面前，人人平等。不管是谁碰到热炉，都会被烫伤。无论是管理者还是普通员工，在制度面前人人平等。只要触犯了企业的规章制度，就要受到惩处。

管理启示

古人云，"官法如炉"，意喻制度就像火炉一样。

热炉是不会讲情面的，谁碰它，它就烫谁，它对所有人一视同仁，没有任何特殊性，所以它能真正做到“对事不对人”。在这方面，管理者应该向热炉“学习”。

企业订立制度的目的有两个：一是让员工知道什么是可以做的，什么是不可以做的，以便自发约束自己的行为；二是排除管理者的随意性，使其有可遵循的管理标准，并保持一致性。但是如果制度不被严格执行，就失去了制度制定的意义，制度也就成了空谈。

所谓“法不容情”，只有严格执行，才能真正约束人们的行为，如果有情可讲，必然在制度之外形成另一套人为机制，这不仅破坏了制度的严肃性，对遵纪守法者来说更是一种伤害，而管理者这样做无异于自掘坟墓。

所以，管理者应当以热炉法则来对待企业的管理制度，始终保证制度的警示性、一致性、即时性和公平性，如此才能打造一支绝对服从指挥、令行禁止和行动如一的队伍。

沟通位差效应

编者荐语

想象一下，在你的工作中，你的意图有多少是你的下属完全领会的，有多少是你的下属未能领会的，而又有多少是你的下属完全不知道的。

换个角度，再想象一下，在你的工作中，你的意图有多少是你的上级完全领会的，有多少是你的上级未能领会的，有多少是你的上级完全不知道的。

一个战斗力强的团队，一定是一个信息的上传下达和沟通非常顺畅、快速的团队。一个团队由众多的个体组成，每个人的力量聚合而成的合力决定了团队的发展方向和发展进度。只有团队成员完全领会了企业的发展和战略意图，才会做出完全符合企业需要的个体行动；只有当个体目标和组织目标完全一致的时候，团队的工作效率才会达到最高。

对于企业来说，内耗是企业最大的成本，而且是绝对没有任何回报的沉没成本。在信息不畅的企业中，大家都不知道该往哪里去，不知道该怎么用力，每个人都只能按照自己的理解或想象盲目地做事，每个人都不知道自己做的事情有什么用，这样每个人都觉得工作很累。

基本释义

沟通位差效应，是美国加利福尼亚州立大学在对企业内部沟通进行研究后得出的重要成果。

研究人员发现，来自领导层的信息通常只有20%～25%被下级获悉并正确理解，而从下到上反馈的信息则不超过10%，平行（平级）交流的效率则可达到90%以上。进一步研究发现，平行交流的效率之所以如此之高，是因为平行交流是一种以平等为基础的交流。

为试验平等交流在企业内部实施的可行性，研究人员尝试在整个企业内部建立一种平等沟通的机制。结果发现，在建立这种机制之后，领导与下属之间的沟通协调能力都得到明显提升。平等的沟通机制使他们在价值观、道德观以及经营哲学方面快速达成一致，同时使上下级之间、各个部门之间的信息得到较为对称的流动，制度流和业务流也更为通畅，团队任务信息在执行过程中发生变形的情况也大大减少。

研究人员最终得出结论：平等交流是企业有效沟通的保证，没有平等就没有真正的交流。

管理启示

每一家企业都强调沟通，但是往往关注沟通的结果，而忽视高效的沟通机制的建立。在企业规模不大时，沟通不畅的问题可能不太明显，但当企业发展到一定规模的时候，沟通上的问题就将严重影响企业的发展。

在企业中，信息传播主要有上传、下达以及平行交流三种形式。企业要保持勃勃的生机和长久的活力，实现高速运转，有赖于下情能为上知，上意迅速下达，有赖于部门之间互通信息，同甘共苦，协同作战。上传和下达的交流通常是非平等交流，平行交流一般是平等交流。要确保沟通的有效性和高效率，必须把平等的理念注入前两种交流形式中。

有调查研究发现，企业中层领导通常有60%的时间在与人沟通，高层领导则可达80%。也就是说，企业管理者每天大部分的时间都在进行沟通，如果管理者不能提高沟通的有效性，那只能说明该管理者的工作能力和工作效率是有问题的。

英特尔前CEO安迪·格鲁夫在谈到他的管理之道时，这样讲道：“领导公司成功的方法是沟通，沟通，再沟通。”他在联想的企业手册中这样写道：“放开自我，让别人了解你的需求，让别人了解你的困难，让别人知道你需要帮助。”

中国有这样的古话，“上下同心，其利断金”；《孙子兵法》也这样讲，“上下同欲者胜”。可以想象，一个沟通顺畅的企业必然工作气氛融洽，团队凝聚力强，并且工作效率非常高。在这样的企业里工作，哪怕再苦再累，员工的心情也是愉悦的，因为大家彼此完全了解，目标一致，大家能领会上级或下级的意图，知道怎样相互配合，知道自己的努力能在什么地方起到关键作用，知道团队取得的成果有自己不可或缺的一部分努力。

禁果效应

编者荐语

禁果效应强调的是信息和管理的透明。上到国家，下到企业，小到每个人的朋友圈，都可尝到管理与信息公开和透明的好处。企业管理者不能因为信息公开会引发暂时的小问题而“因噎废食”，不可因为回避问题而“掩耳盗铃”。

基本释义

禁果效应也叫“罗密欧与朱丽叶效应”，意思是“越是禁止的东西，人们越要得到手”。

你越希望掩盖某个信息不让别人知道，就越勾起别人的好奇心和探求欲，反而促使别人试图利用一切渠道来获取被掩盖的信息。

这种由于单方面的禁止和掩饰而造成的逆反现象，即心理学上的“禁果效应”。

管理启示

企业管理者要尽可能创造透明公开的信息沟通渠道，营造开放的企业文化氛围，让员工关注个人的工作，而不是四处打听同事、领导或公司的消息，导致小道消息盛行，甚至谣言纷飞。

每个企业都会面临信息是公开还是保密的问题。应用我们上面提到的禁果效应，我们要相信每个人都是忠心与向善的，都是有更为文明的价值观的，所以企业管理者要以更开放的心态处理信息问题。

如此，尽管会有信息泄露问题，但却能更好地实现人心统一，也能将那些违反职场道义的员工尽快开除出局或“绳之以法”。这样的发展是一种良性循环，而非小道消息盛行而导致的恶性循环。

金鱼缸效应

编者荐语

在企业管理中，是实行透明化和公开化还是保持一定的神秘性，应该根据管理要素的性质而定。在某种程度上，企业管理是一门艺术，并没有绝对和唯一的准则。例如，为了保证员工工作的稳定性，企业管理者会隐瞒企业正面临的困难和危机；企业为了防范竞争对手对新的技术或营销方式的复制和抄袭，会对新的技术或营销战略进行保密。

薪酬管理在企业管理中一直备受员工的关注，对于企业各级人员的薪酬来说，是应该公开透明还是保持一定的神秘性呢？这在不同的企业有不同的做法，人力资源管理者们也可能持有不同的观点。

基本释义

金鱼缸效应（The Fish Tank Effect），又称“透明效应”，是由时任日本最佳电器株式会社社长北田光男于1983年提出。

金鱼缸一般由玻璃制成，缸体透明，不论从哪个角度观察，都可以一目了然地掌握缸内金鱼的活动情况。所以金鱼缸效应也被称为“透明效应”，它比喻一种透明度极高的民主管理模式。

北田光男强调，要把增强透明度的重点放在各级经营管理者的经济收入上，要求企业各级领导者将经济收入和费用报销如实地向企业利益相关者公开，接受企业利益相关者的批评建议，并根据员工们的意见，对经营管理进行改进。

管理启示

薪酬是企业对于员工付出的一种酬劳或回报，薪酬水平与员工对企业的贡献成正比，员工薪酬是企业对人才的评判标准的表现。

马云说，员工离职的原因只有两个，一个是受委屈了，另一个是钱拿少了。笔者认为，每一位员工都有权利知道自己薪酬的构成，也有权利知道自己的薪酬在整个团队中的层次，这是有利于管理者对员工进行管理的，也是金鱼缸效应给管理者的启示。

应该说，一个好的薪酬体系可以使员工在努力获得更高薪酬的同时，提升个人的表现，并推动企业向前发展。一个坏的薪酬体系当然也会使员工努力获得更高的薪酬，但是它可能无助于企业的发展，甚至是在破坏企业的发展。

所以，一个透明的薪酬体系，可以让员工知道企业的价值观是什么，企业倡导什么、否定什么。每一位员工都知道自己努力的方向，大家也能从各自的立场对薪酬体系提出意见和建议，在各方的合力之下，尽可能地完善薪酬体系。

企业的薪酬体系应该公之于众，每一个层级、每一个员工的薪酬也应该公之于众。在事关每一位员工利益的问题上，每一位员工都有知情权。如果薪酬体系和员工薪酬都不能公开，不能公开接受大家的意见和建议，那企业还有什么公正、公平可讲呢？何况，薪酬体系和薪酬水平也是企业管理的一种工具形态，企业运用好这一工具，既能传达企业的管理导向，也能在企业内部塑造良好的竞争风气。任何一家企业，不管出于什么原因的考虑，都不能隐瞒薪酬体系或特殊员工的薪资标准，否则，只会弊大于利。

安慰剂效应

编者荐语

企业的健康发展，到底是什么起了关键的作用？

企业管理的研究学者们，往往是“事后诸葛亮”，其分析和总结并不一定准确。指导企业管理者进行科学的管理，必须有一套正确的体系和准则。

那么，“相信”就变得很重要。因为相信，所以有效。这可以借助安慰剂效应进行解释。

基本释义

安慰剂效应（Placebo Effect），又名“伪药效应”“假药效应”“代设剂效应”，是由毕阙（Henry K. Beecher）博士于1955年提出，也被称为“非特定效应”（Non-Specific Effect）或“受试者期望效应”。安慰剂效应是指病人虽然获得无效的治疗，但却“预料”或“相信”治疗有效，而症状得到舒缓的现象。

安慰剂效应常常应用于心理咨询实践中，心理咨询人员通过向来访者提供“安慰剂”，使来访者由于期望而促进心理障碍减轻或病情好转。心理咨询中的“安慰剂”包括心理病理性药物、生物意义上的中性物质、咨询者的形象、咨询者的言语和非言语技术及咨询环境的建构，咨询人员通过药物、药物替代、言行及环境暗示，引导来访者对自己的改变和发展。

与安慰剂效应的性质完全相反的效应也同时存在，即反安慰剂效应（Nocebo Effect）。反安慰剂效应，是指病人不相信治疗有效，进而令病情恶化。

反安慰剂效应可以使用与检测安慰剂效应相同的方法检测出来，例如一组服用无效药物的对照群组，会出现病情恶化的现象。

简单来说，就是相信治疗的人，治疗会起到相对较好的效果；不相信治疗的人，治疗的效果就会大打折扣，甚至起到反作用。

管理启示

在宗教领域，传教士总会向教众传达“相信”，所谓“信之则有，不信则无”。

人的生命状态除了身体机能的状态，还有心理情绪的状态。身体机能会影响心理情绪，心理情绪也会影响身体机能，尽管在生物学和医学上无法给出让人绝对信服的解释。

“相信”是发挥人的主观能动性的基础。作为企业管理者，我们要让员工相信，相信创始人，相信管理者，相信企业组织，相信自己，相信未来。

唯有如此，企业管理的工具和手段才能起到积极的作用。否则，企业管理只会适得其反。

保龄球效应

编者荐语

当员工不小心犯错的时候，你会怎么做？

当员工的表现差强人意的时候，你会怎么做？

同样的员工问题，处理方式的不同，结果也会不同。

当管理作为一种事后行为时，如何才能发挥管理的积极作用，而不是越管越糟？相信保龄球效应能给管理者一些启示。

基本释义

行为科学中有一个著名的“保龄球效应”，故事版本是这样的：

两名保龄球教练分别训练各自的队员。他们的队员都是一球打倒了7只瓶。教练甲对自己的队员说：“很好！打倒了7只。”他的队员听了教练的赞扬很受鼓舞，心想，下次一定再加把劲，把剩下的3只也打倒。

教练乙则对他的队员说：“怎么搞的！还有3只没打倒。”队员听了教练的指责，心里很不服气，暗想，你咋就看不见我已经打倒的那7只。

结果，教练甲训练的队员成绩不断上升，教练乙训练的队员打得一次不如一次。

管理启示

保龄球效应给我们的启示是，在面对员工的不佳表现时，积极鼓励和消极鼓励产生的是两种不一样的结果。

心理学研究证明，积极鼓励和消极鼓励（主要指制裁）之间具有不对称性。受过处罚的人不会简单地减少做坏事的心思，充其量不过是学会了如何逃避处罚而已。

常常有这样的议论："干得越多错得越多。"潜台词就是：为了避免错误，最好的办法是"避免"工作。这就是批评、处罚等"消极鼓励"的后果。

"积极鼓励"则是一项"开发宝藏"的工作。受到积极鼓励的行为会逐渐占去越来越多的时间和精力，这会导致一种自然的演变过程，员工身上的一个闪光点会放大并释放出耀眼的光辉，同时还会"挤掉"不良行为。

作为管理者，我们应该用好赞赏的技巧，把注意力集中到"被击倒的那7只瓶"上，别总忘不了"没击倒的那3只"。要相信任何人或多或少都有长处、优点，只要"诚于嘉许，宽于称道"，你就会看到神奇的效力。

我们都不止一次听到这样一个笑话。一位家庭主妇给客人端上米饭，客人称赞说："这米饭真香！"主妇兴奋地告诉客人："是我做的。"客人吃了一口，又问："怎么糊了？"主妇的脸色骤变，赶紧解释道："是孩子他奶奶烧的火。"客人又吃了一口："还有沙子！"主妇又答："是孩子他姑淘的米。"

你看，人的本性显露出来啦。对于赞赏，人们会爽快地接受下来；对于指责，人们首先会寻找借口。其实，希望得到他人的肯定和赞赏，是每一个人的正常心理需要。同样，面对指责时，不自觉地为自己辩护，也是人们正常的心理防卫机制。

一个成功的管理者，会努力去满足下属的这种心理需求，对下属亲切，鼓励下属发挥创造精神，帮助下属解决困难。相反，爱挑下属的毛病，靠发威震慑下属的管理者，也许真的能够"打倒"他的下属，但这样的管理者只会越管越糟。

波特定理

编者荐语

“总盯着下属的失误，是一个领导者的最大失误。”

波特定理，是关于领导和员工之间的沟通技巧的阐释，是一个有关人力资源管理与激励的定律。希望所有管理者都能有效地管理和激励下属员工，成为一名合格的领导者。

基本释义

美国行为学家莱曼·波特（Lyman W. Porter）提出的波特定理——“总盯着下属的失误，是一个领导者的最大失误。批评人之前如果先把他的优点提出来，就是铺平了批评的道路。”

当遭受许多批评时，下级往往只记住开头的一些，其余就不听了，因为他们忙于思考论据来反驳开头的批评。

每个人都是需要鼓励的，有鼓励才能产生动力。优秀的管理者能宽容地面对员工的错误，变责怪为激励，变惩罚为鼓舞，让员工怀着感激之情接受惩罚，进而达到激励的目的。

理论延伸

肥皂水效应

与波特定理类似的是肥皂水效应，该效应由美国前总统约翰·卡尔文·柯立芝提出。

约翰·卡尔文·柯立芝于1923年成为美国总统。他有一位漂亮的女秘书，人虽长得漂亮，但工作中却常因粗心而出错。

一天早晨，柯立芝看见秘书走进办公室，便对她说："今天你穿的衣服真漂亮，正好适合你这样漂亮的小姐。"这句话出自柯立芝口中，简直让女秘书受宠若惊。

柯立芝接着说："但也不要骄傲，我相信你同样能把公文处理得像你一样漂亮的。"果然从那天起，女秘书在处理公文时很少出错了。

一位朋友知道了这件事后，便问柯立芝："这个方法很妙，你是怎么想出来的？"柯立芝说："这很简单，你见过理发师给人刮胡子吗？他要先给人涂些肥皂水。为什么呀？就是为了刮起来使人不感觉痛。"

柯立芝所提出的肥皂水效应，指的是我们应该将批评夹在赞美之中，把对他人的批评夹裹在前后肯定的话语之中，使被批评者愉快地接受批评，从而减少批评的负面效应。

管理启示

通用电气的杰克·韦尔奇认为：管理者过于关注员工的错误，就会导致员工不愿去尝试。如果没有人勇于尝试就会使员工故步自封，拘泥于现有的一切，不敢有丝毫的突破和逾越。因此，评价员工的重点不在于其职业生涯中是否保持不犯错误的完美记录，而在于其是否勇于承担风险，并善于从错误中学习，获得教益。

在许多时候，当下属犯了错误时，管理者都会严词批评一番，有时甚至将员工骂得狗血淋头。在他们看来，似乎只有这样才会起到杀一儆百的作用，才能体现规章制度的严肃性，才能显示出管理者的威严。

其实，有的时候过于关注员工的错误，尤其是一些非根本性的错误，会大大挫伤员工的积极性和创造性，甚至使其产生对抗情绪，这样就会产生非常恶劣的效果。

所以，在管理事务中，我们要学会宽容下属的错误。在批评的同时不忘肯定部下的功绩，以激励其进取心，并有效避免伤害其自尊和自信。

一个懂得如何顾全部下面子的管理者不仅会使批评产生预期的效果，而且还能得到部下的大力拥戴。

牢骚效应

编者荐语

每个人都会有发牢骚的时候，员工同样如此。当你听见员工发牢骚的时候，你会怎样做呢？

通常，管理者都会认为员工的牢骚是非常负面的，会打击团队的积极性，大都会间接或直接予以制止，甚至对员工进行惩处。这是恰当的做法吗？怎么做才会对企业有帮助呢？

当听到企业员工发牢骚时，管理者不应该片面武断地否定发牢骚者，而应该客观理性看待。其实，牢骚可能会是改变不合理现状的催化剂。尽管我们知道很多时候牢骚并不总是正确的，但是作为管理者，认真对待牢骚却总是正确的。

基本释义

牢骚效应来自哈佛大学心理学教授梅约的一次管理学实验。

梅约教授曾接受芝加哥一家工厂的咨询请求，调研该工厂工人生产效率低下的原因。在调研过程中，调研人员和工厂的工人们进行了对话，并保证谈话的内容不会被泄露出去。调查发现，工人们的牢骚和抱怨，占到了全部谈话内容的60%以上。于是研究人员做出假设：这些牢骚的存在，可能正是工人们工作效率低下的根本原因。

大量牢骚的存在，必然是因为工厂管理者和工人之间缺少交流导致的，因此管理者应该增加和工人之间的交流机会。在经过大量的谈话和研究之后，研究人员给出了结论：在该工厂中，工人们长期以来积压了大量的不满情绪，但是却无从宣泄，这种长期积压的不良情绪影响了工人们工作的积极性，进而导致工作效率低下。

比较奇怪的是，就在研究人员和工人们这段时期的谈话之后，工人们的工作效率竟然出现了一定的提高，但是管理者并没有在这期间做其他任何的改变。研究人员提出，这其实是因为工人在与研究人员的谈话中，负面情绪已经得到了一定的释放，于是工作的积极性发生了变化。

通过这次“谈话实验”，梅约教授总结道：凡是公司中有对工作发牢骚的人，那家公司或老板一定比没有这种人或有这种人而把牢骚埋在肚子里的公司或老板要成功得多，这就是著名的“牢骚效应”。

管理启示

什么是牢骚呢？牢骚指的是烦闷不满的情绪，其与“抱怨”和“怨言”近义。员工为什么会在企业中发牢骚呢？一般是因为员工对企业的管理不满意，企业的现实情况和员工的希望存在较大的差距。

不可否认，个别员工的牢骚可能存在个人的问题，但是大多情况下也暴露了企业管理层面的问题。管理者一定要主动倾听员工抱怨的声音，主动提供各种机会，给每一个员工抱怨的机会。这样，不光员工的情绪得到宣泄，工作效率得到提高，更重要的是，管理者可以从中发现企业管理中存在的问题，找到优化管理的方法。

其实每一家企业都不是理想的，都存在各种各样的问题，成熟的职场人士都明白这一点。于是就出现了一种情况，在企业中的老员工和混日子的员工往往不会发牢骚，反而是那些新进员工和想要有一番作为的员工牢骚最多。他们能看到问题并发表意见，他们的根本目的在于有更好的管理机制和更好的机会推动企业的发展并获得自身的发展。

在日本，由于职场工作压力很大，很多企业都非常注重为员工提供发泄自己情绪的渠道。松下幸之助在管理松下电器期间，在各个分厂会摆放一个极像松下幸之助的人体模型，工人们可以在这里用竹竿随意抽打“他”，以发泄自己心中的不满。

在美国，一些企业会在每个月定期安排Hop Day（发泄日），员工可以在这一天发泄不满，或者向企业高级管理者申诉和抱怨，而在这一天任何顶撞都是被允许的，领导不允许因此迁怒于人。这种形式使下属平时积聚的不满情绪得到宣泄，从而大大缓解了他们的负面情绪，提高了工作效率。

在我们的生活中，每个人都有某些方面的不满，但是愿意听对方抱怨的人往往不多，其实能让对方说出他的不满，既能令对方情绪纾解，身心愉悦，也能拉近两个人的距离，增进彼此的感情。当你愿意听别人的抱怨，或者对方愿意把他的不满、伤心、委屈都说给你听的时候，你们的情感和友谊就增进了一步。

其实，让对方说出他的不满，将负面的情绪宣泄出来，也有利于问题的解决和工作的推进。人们都存在一种“歉疚心理”，无论对方是有理还是无理，当他对你宣泄后都会反思自己的行为，从而产生一种“歉疚补偿心理”，即想要补偿你受到的伤害，这对我们处理管理上和生活中的问题都是有好处的。

罗森塔尔效应

编者荐语

你愿意培养自己的下属，让他们变得更优秀吗？

你愿意鼓励或赞扬你的下属，让他们在我们的支持下表现得更好吗？

通常，你会如何培养下属，或是如何对待员工的学习和成长呢？

其实，企业也是一所大学。每一个进入企业的员工都是一名学生，他们在各自的岗位上努力贡献和获得酬劳的同时，也在“企业大学”里学习和成长，成为更有能力和更完美的人，这其实和他们在学校里接受教育的性质是一样的。

所以，对于管理者来说，我们在一定程度上也应该是一名“教师”，或者“企业导师”，我们应该学会如何教育和培养“学生”，让他们成为更好的人，在未来表现更好，为企业贡献更多。

基本释义

罗森塔尔效应（Rosenthal Effect），也称“皮格马利翁效应”（Pygmalion Effect，皮格马利翁是古希腊神话中塞浦路斯国王，他对一尊少女塑像产生爱慕之情，他的热望最终使这尊雕像变为一个真人，两人相爱结合）、“人际期望效应”和“教师期望原理”，它是一种社会心理效应，指的是教师对学生的殷切希望能戏剧性地收到预期效果的现象。

罗森塔尔效应由美国心理学家罗森塔尔和L.雅各布森于1968年通过实验发现。

1968年，罗森塔尔和L.雅各布森来到一所小学，宣布要进行7项实验。他们从一年级至六年级各选了3个班，并声称对这18个班的学生进行了“未来发展趋势测验”。

之后，罗森塔尔煞有介事地将一份“最有发展前途者”的名单交给了校长和相关老师，并叮嘱他们务必要保密，以免影响实验的正确性。其实，罗森塔尔撒了一个“权威性谎言”，因为名单上的学生是随便挑选出来的。

8个月后，罗森塔尔和助手们对那18个班级的学生进行复试，结果奇迹出现了：凡是上了名单的学生，个个成绩有了较大的进步，且性格活泼开朗，自信心强，求知欲旺盛，更乐于和别人打交道。

实验者认为，教师应该是受到了实验者的暗示，不仅对名单上的学生抱有更高期望，而且有意无意地通过态度、表情、体谅，以及给予更多提问、辅导、赞许等行为方式，将隐含的期望传递给这些学生，学生则给老师以积极的反馈；这种反馈又激起老师更大的教育热情，维持其原有期望，并对这些学生给予更多关照。如此循环往复，以至于这些学生的智力、学业成绩以及社会行为更加朝着教师期望的方向靠拢，使期望成为现实。

人们把这种通过教师对学生心理潜移默化的影响，从而使学生取得教师所期望的进步的现象，称为“罗森塔尔效应”。

罗森塔尔效应是客观存在的教育规律。教学实践也表明，如果教师喜爱某些学生，对他们会抱有较高期望。经过一段时间，学生感受到教师的关怀、爱护和鼓励，就会以积极的态度对待老师、对待学习以及对待自己的行为，学生更加自尊、自信、自爱、自强，诱发出一种积极向上的激情。于是，这些学生常常会取得老师所期望的进步。

相反，那些受到老师忽视、歧视的学生，久而久之会从教师的言谈、举止、表情中感受到教师的“偏心”，也会以消极的态度对待老师、对待自己的学习，不理会或拒绝听从老师的要求；这些学生常常会一天天变坏，最后沦为社会的边缘人或不受待见的角色。

管理启示

企业要向前发展，团队要不断提高竞争力，管理者就必须对员工进行培养，让企业团队成为一个优秀的“班级”，这和学校里教师培养学生是同样的道理。

根据罗森塔尔效应，在企业管理中，我们若适时给予员工正向激励，对其表达正面、积极的期待，员工将会有越来越优异的表现。反之，如果我们对员工给予消极的评价或失望的情绪，员工就会往消极的方向发展，即使原本非常优秀的员工，也会“沦落”为糟糕恶劣的员工。

简单地说，如果你视某个员工为优秀员工，那他就会变成优秀员工；如果你视某个员工为糟糕的员工，那他就会变成糟糕的员工。

这个道理不仅可以用来界定上司对下属的期待产生的互动效应，反过来，也可以用来解释下属对上司的期待带来的互动效应。如果下属不断给予上司积极正面的评价，并表达较高的期待，上司就会表现出下属期待的那种特质，变成下属越来越喜欢的优秀上司；反之，如果下属不断对上司表达负面的评价并抱有负面期待，上司也会表现得越来越差劲和恶劣。如此一来，企业团队将变得越来越糟糕。

人与人之间的关系就像是一面镜子，你对他笑，他就会对你笑；你对他表示愤怒，他也会对你表示愤怒。管理者对员工表示期待，员工就会向管理者呈现良好的成绩；员工对管理者表示期待，管理者也能带给员工更好的发展平台。

你认为公司是一家什么样的公司，它就将成为一家什么样的公司。

你认为员工是一个什么样的员工，他就会成为一个什么样的员工。

一切都是镜像，你脑子里假想的是什么，镜子里就会反射给你什么。

在我们的世界里，似乎我们自己就拥有上帝之脑，拥有上帝之眼。

6

风险控制篇

水坝式经营

编者荐语

企业倒闭的原因有哪些？其主要原因又是什么？

管理学家通过研究发现，企业倒闭的原因似乎多种多样，但是真正分析企业倒闭的原因时，排在首位的是资金链的断裂。换句话说，就是企业没有了资金的支持，难以为继，不得不宣告倒闭，解散公司。

每一家企业都是商海中的一艘小船，在漫无边际的海上飘摇前行。商海有彼岸吗？或许有。有一些企业最终驶到了彼岸，满载而归，但绝大部分的企业在“海浪”中沉没，一无所获，甚至失去一切。

如何才能在危机四伏和多变复杂的大海上顺利航行，如何才能在有限的供给下，通过渔猎使船员都能获得想要的结果，将小船驶向想要去的地方？

简单地说，就是企业如何才能不在中途死亡，如何才能活得长久？

基本释义

水坝式经营法，由“经营之神”松下幸之助提出，其目的在于使企业能够更加稳定地成长与发展。

通常，人们修筑水坝的目的在于蓄水防洪、供水发电等，让周围的人们可以安心无忧地使用水源，并享受水坝带来的诸多好处；即使有较大的旱涝灾害，人们的生活和农业种植也不会受到致命的影响。

松下幸之助认为，企业也应该修建“水坝”，使企业自身具有一定的自我调节机制，无论外界形势如何变化，都能保持稳定的成长与发展。

水坝式经营法，也就是像水坝那样可以拦阻和储存河川的水，不论季节或气候如何变化，均能保持必要的用水量。如果公司各个职能部门的管理都能像水坝一样，那么无论外界情况如何变化，公司也不会受很大影响，并且能保持稳定的发展，这就是水坝式经营的观念。

管理启示

为了提高风险抵御能力，企业唯有提前筑建相应的“水坝”，充分发挥“水坝”的功能，无论在人才、资金、技术、设备、库存和市场等方面，都应当有一定的盈余空间，保有一定的弹性，以防不测。

举例来说，假设企业投资一个需要1000万元的项目，如果只准备1000万元，一旦环境发生变化，资金不足，就会使整个项目陷入瘫痪。因此，不妨准备1200万元的资金，这就是资金水坝。换个角度说，如果企业只有1000万元的资金储备，就不宜投资1000万元的项目，而只适合投资800万元以下的项目。

在日本，银行曾经要求企业把从银行贷出款项中的一部分再存入银行，很多企业指责银行不为企业着想。松下幸之助却不这样认为，他说：“50多年来，我从银行借钱的时候，本来只需借1万元就够了，可是我借了2万元，然后把剩余的1万元钱又原封不动地作为定期存款存入银行。这看起来似乎是赔钱的，但是我却因此有了1万元的保险金，有了这笔保险金，一旦企业有特殊需要，就可以提出来使用，而且银行总是十分信任我。”实际上，这正是松下幸之助的水坝式经营法在资金管理方面的表现。

在中国，企业的平均寿命不超过3年，形成了“各领风骚三五载，你方唱罢我登台”的局面。其实每一家企业在初创阶段都是踌躇满志的，也能在竞争中有不俗的表现。但是“创业容易守业难”，企业往往在有一定的起色之后，就经不住各种诱惑，企业管理会出现各种各样的问题，在经过几次重大失误事件之后，就面临倒闭的境地了。

造成企业死亡的原因可能很复杂，但是如果管理者有水坝式经营的意识，相信能避免很多猝不及防的灾难，带领企业渡过更多难关。正如松下幸之助所说的，水坝式经营其实只是一种经营理念，水坝式经营的道理很简单，无非就是把经营中的刚性变为弹性，提前预留出适应环境变化的余地，让企业在复杂多变的市场上更加游刃有余。

懒蚂蚁效应

编者荐语

企业发展依赖的是什么？是团队的勤奋，还是战略的远见？

在企业的发展过程中，团队的勤奋决定了实现具体目标的速度。但是目标是什么，如何设定目标，却与勤奋没有关系，而与领导者的远见有关。

那么，领导者的远见从何而来呢？什么样的人才具有远见呢？人才的远见来自哪里？企业如何才能拥有具有远见的人才？

基本释义

懒蚂蚁效应（Lazy Ant Effect）来自日本北海道大学进化生物研究小组的一项研究。研究小组分别对三个由30只蚂蚁组成的黑蚁群进行长期的活动观察，结果发现，大部分蚂蚁都很勤快地寻找、搬运食物，少数蚂蚁却整日无所事事、东张西望，研究小组把这少数蚂蚁叫作“懒蚂蚁”。

有趣的是，当生物学家在这些“懒蚂蚁”身上做上标记，并且断绝蚁群的食物来源时，那些平时工作很勤快的蚂蚁都表现得一筹莫展，而“懒蚂蚁”们则“挺身而出”，带领众蚂蚁向它们早已侦察到的新的食物源转移。

原来“懒蚂蚁”们把大部分时间都花在了“侦察”和“研究”上，它们能观察到组织的薄弱之处，同时保持对新的食物的探索状态，从而保证群体不断得知新的食物来源。

在蚁群中，“懒蚂蚁”很重要。同样，在企业中，我们也需要一定的“懒蚂蚁”，以保证在企业发展遇到障碍的时候，能带领企业往新的目标进发。这一现象，在管理学上被称为“懒蚂蚁效应”。

理论延伸

在日本生物研究小组的实验中，生物学家还进行了进一步的实验。他们把蚁群中的“懒蚂蚁”全部抓走放在一起，结果其中只有20%的蚂蚁“依旧懒惰”，而另外80%“原本懒惰”的蚂蚁都变成了“勤劳的蚂蚁”。这说明“懒蚂蚁”并不是天生的懒，而是为了团队生存和发展的需要，产生了分工上的不同。

另外，生物学家还发现，当他们把“懒蚂蚁”抓走后，原来蚁群的蚂蚁很快就停止了工作，乱作一团；直到他们把那些“懒蚂蚁”放回去后，整个蚁群才恢复繁忙有序的工作。这说明，“懒蚂蚁”是蚁群不可或缺的，它们的存在看似没有为蚁群做任何贡献，似乎是其他蚂蚁的负担，实际上它们却是蚁群持续生存下去的关键所在。

管理启示

企业总会在发展的过程中遇到一个又一个的瓶颈，要突破瓶颈，进入新的发展阶段，就必须有能带领企业发展的特殊人才。这一类人才可以界定为企业的“懒蚂蚁”，他们平时的工作不是日复一日地重复某一项工作，而是进行市场调查和企业发展研究。在企业的发展遇到障碍或瓶颈之前，他们就已经储备了多种路径和方法，可以指引企业去往新的地带。

从这个角度来说，企业很有必要“养”一些“懒人”，他们看似每天“游手好闲”，实则在不断发现市场和机会，不断找到新的“食物来源”，即新的业务方式或新的业务渠道，不断实现业务的突破，使企业的发展不断迈上新的台阶。

与懒蚂蚁效应类似的是，在中国有一句话叫“抬头看天，低头走路”。我们可以从两个方面来理解这句话的含义：从企业的人员分工来看，我们既要配置

“低头走路”的人才，也要配置“抬头看天”的人才；而对管理者个人来说，在带领团队“低头走路”的同时，还要担负起“抬头看天”的职责，不断考察和研究新的市场，不断学习新的知识，发现新的市场机会，从而带领团队不断发展。如此，才是一名合格的管理者。

不过，优秀的企业是务实和高效的团队，其在充分发挥懒蚂蚁效应的同时也应该控制“懒蚂蚁”的数量和比例，避免“养”了过多的“懒蚂蚁”，从而造成执行具体工作任务的人员过少，不足以完成企业既定的业绩目标的局面，导致团队的人力成本过高，无法具体推动企业的发展。

墨菲定律

编者荐语

在你的生活中，有没有碰到以下类似的情况呢?

你携伴出游，越不想被人看见，就越会遇见熟人。

你早到了，会议却取消了；你准时到，却还要等；你迟到了，就是迟到了。

东西久久都派不上用场，你终于决定扔掉，但是刚刚丢掉，你就必须要用它。

在你排队时，总是另一列动得更快。当你换到这一列时，你原来站的那一列就开始动得比较快了。

在你做出选择时，或者你开始做某一件事情时，如果带着侥幸心理，那很可能你不会那么幸运，且往往会得到较差的那个结果。可是你又没办法，你总是无法阻止坏的结果发生，因为它本身就存在发生的概率，除非你一开始就杜绝它，不选择它，或者不做它。

基本释义

墨菲定律（Murphy's Law）是一种心理学效应，由爱德华·墨菲（Edward A. Murphy）提出，也被译为“墨菲定理”“默菲定律”。在西方，墨菲定律、帕金森定律和彼得原理，并称为“二十世纪西方文化的三大发现”。

墨菲定律源于1949年美国空军进行的关于“急剧减速对飞行员的影响”的实验。实验的志愿者们被绑在火箭驱动的雪橇上，当飞速行驶的雪橇突然停止时，实验人员会监控他们的状况。监控器是一种由空军上尉工程师爱德华·墨非设计的甲胄，甲胄里面装有连接的电极。

有一天，在通常认为无误的测试过程中，甲胄却没有记录任何数据，这使技术人员感到非常奇怪。后来，墨菲发现甲胄里面的电极每一个都放错了，他随即说道："如果某一事情可以有两种或者两种以上的方法来实现，而其中有一种会导致灾难性的错误，那么这一错误往往就会发生。"[1]

墨菲的这句话被广泛流传，并演变成各种各样的形式，其中一个最通行的形式是："如果坏事情有可能发生，不管这种可能性多么小，它总会发生，并引起最大可能的损失。"这便是著名的墨菲定律。

墨菲定律的含义有以下几个方面：

（1）会出错的事总会出错；

（2）所有的事都会比你预计的时间长；

（3）所有的事都没有表面看起来那么简单；

（4）如果你担心某种不好的情况会发生，那么它就很有可能发生。

从根本上来说，墨菲定律讲的是，凡是可能出错的很可能就会出错。任何一个事件，只要具有大于零的概率，就不能够假设它不会发生。

管理启示

墨菲定律是一种客观存在。容易犯错误是人类与生俱来的弱点，不论人类有多聪明、科技有多发达、人类有多自信，事故都会发生。防微杜渐，小的隐患若不消除，就有可能扩大增长，其造成事故的概率也会慢慢增加。这对于巨大、复杂的技术系统来说尤为可怕。

对于企业管理来说，无论企业技术有多优秀，团队有多能干，业绩有多稳定，管理者都不能有半点儿疏忽和错误，而必须从行为、技术、机制、环境等多方面因素入手，进行严格管控。没有最好，只有更好。再小的错误都不能犯，

[1] 关于墨菲的原始故事版本不止一个。有一个版本也比较常见，意思是墨菲对他的某位运气不太好的同事随口开了句玩笑："如果一件事有可能被做错，让他去做就一定会做错。"

再小的问题都要及时解决，绝不能抱有任何侥幸心理。

一般来说，侥幸心理是一种不想遵循客观规律、只想依靠机会或运气等偶然因素实现成功愿望或消灾免难的心理。它使人们投机取巧、明知故犯、不讲因果、不守规则，变得懒惰懈怠、好走捷径。因其只依赖偶然因素，所以它必然不遵循因果规律，轻视或放纵隐患，在现实中则往往如墨菲定律所预言的那样事与愿违。

最高气温效应

编者荐语

企业总有高峰期和低谷期。在低谷期的时候，我们知道需要坚持和毅力，需要团结一心，全力以赴走出低谷；但是在高峰期的时候，我们却很少能居安思危，未雨绸缪，主动进行防范。因而，大多企业高峰期一过，就陷入不可逆转的颓势。

不管是个人还是企业，都会因失败而丧失信心、自我怀疑，也会因胜利而冲昏头脑、自我膨胀。如何才能把握企业发展的节奏，使企业在高峰期后不会陡然下滑，能长期保持稳定发展，这是管理者需要着重思考的事情。

对于企业发展来说，每一天都面临着市场的变化，这些变化对企业是有利还是不利，我们都无法预料，唯有做好充分的准备才能随机应变。

基本释义

最高气温效应是每天气温的一种规律变化。通常，每天最热的时候是在下午两点左右。我们总认为这个时候的太阳最厉害，其实此刻的太阳早已偏西，不再是供给最大热量的时候了。

我们知道，下午两点的气温之所以最高，是源于此前的热量积累。

通常，在企业鼎盛时期，管理者最容易被热火朝天的景象迷惑了双眼。然而，企业的鼎盛往往也意味着衰落即将开始，这时领导者要做的是寻求技术的创新或者开发新的市场领域。

理论延伸

掌握最高气温效应后，如果我们能从另一个角度思考，其实就可以引申出至暗时刻效应。虽然我们总说夜间两点是夜间最黑暗的时候，但是其实最黑暗的时候其实就是最有希望的时候。因为最大的黑暗即将过去，曙光原本离我们越来越远，而之后就离我们越来越近了。

所以，不管是个人还是企业，至暗时刻其实就是希望时刻，至热时刻则意味着我们的颓势已经开始。

管理启示

其实，每一天的气温开始下降之前是有预兆的，就是太阳已经开始偏西了。但是在太阳刚开始偏西的时候，气温还在继续上升，表面看似乎太阳偏西也没有影响到气温的升高，所以我们就不加以重视。

同样，对于企业发展来说，可能市场环境和竞争状况已经悄然发生质的改变，但是在企业的经营业绩上还没有表现出来，企业基于前期的积累和市场的惯性依旧保持一定幅度的增长，于是企业的热火景象蒙蔽了管理者的眼睛，让他们完全忽视了市场的变化；而当市场环境明显对企业不利，已经有竞争对手开始迅猛蚕食市场时，企业业绩下滑和发展恶化的趋势已经不可逆转。

蝴蝶效应

编者荐语

“蝴蝶效应”是我们日常生活中经常提及的词语，可能平时我们并没有去深究它，其实它对于企业管理来说，具有深刻的意义。

基本释义

蝴蝶效应（The Butterfly Effect）源于20世纪70年代，美国气象学家爱德华·罗伦兹（Edward N. Lorenz）在解释空气系统理论时分析了这一效应。对于这个效应最常见的阐述是：“一只南美洲亚马孙河流域热带雨林中的蝴蝶，偶尔扇动几下翅膀，可以在两周以后引起美国得克萨斯州的一场龙卷风。”

蝴蝶效应，是指在一个动力系统中，初始条件下微小的变化能带动整个系统长期的巨大的连锁反应，这是一种混沌现象。任何事物发展均存在定数与变数，事物在发展过程中其发展轨迹有规律可循，同时也存在不可测的“变数”。一个微小的变化能影响事物的发展，说明事物的发展具有复杂性。

罗伦兹研究认为，事物发展的结果对初始条件具有极为敏感的依赖性。他把“对初始值的极端不稳定性”界定为“混沌”，又称“蝴蝶效应”。

管理启示

蝴蝶效应可以从正面去看，也可以从负面去看。

通常，我们都是从负面去看，以此来提醒管理者，对每一件小事都要清醒对待，因为有些小事会产生连锁反应，一旦被系统放大，将会对一个组织、一个国家带来巨大的影响，其结果可能是一场大灾难。

然而，我更喜欢从正面去看蝴蝶效应带来的启示。我认为不管是国家、企业或个人，我们每一次大的发展或飞跃，都是源于最初不经意的微小的改变，可能是某个人心态的细微改变，也可能是制度的微小改进，也可能是某一个员工的调整，也可能是某一次小小的活动，也可能是企业的一项投资，但之后所产生的一系列连锁反应，最终让国家、企业或个人发生了翻天覆地的变化，让整体得以迅猛发展。

我们要主动改变，主动去发起可能会带给自己或组织正面效应的行动。可能一次小小的微笑，一个细心的举动，一个小小的建设性建议，一次无私的付出，一次开放的分享，一次主动的沟通，最终都会带给我们巨大的进步，也会给我们带来意想不到的巨大收获。

大变化来自小变化的演变，不积跬步无以至千里，蝴蝶振翅引发飓风，因此我们要主动行动，主动引领，只要是对自己或组织是正向的事情，不管周遭如何看待，都应积极去做，终有一天，我们会发现，一切的进步都源于你在背后的存在。这就是我们活着的意义，抑或是我们存在于一家企业的意义，抑或是我们存在于社会的意义。

对于管理者来说，要积极支持与鼓励员工每一次主动的表现，推动小的行动产生大的成果，推动微小的优化演变为革命性的蜕变。如此，企业或组织将不断取得进展，不断飞跃，永占鳌头。

海恩法则

编者荐语

安全，是最重大的问题。一起安全事故的发生，轻则影响工厂的正常运转或用户的使用感受，重则造成大规模的群体灾难，将一个企业推向不可逆转的深渊。

很多安全事故的发生，看似是猝不及防的，企业没办法做出准备，也没办法较好地处理事故后果，只能被动地应对和处理。然而研究发现，大部分事故的发生都是有迹可循的，只是企业在经营管理中，有意无意地忽视了那些先兆或隐患。

中国有“千里之堤，毁于蚁穴”的哲言，一个微小的问题或瑕疵，最终可能引发一场重大的事故或灾难。所以，加强细节管理和及时将问题扼杀在摇篮之中，是管理者的重要工作。

基本释义

海恩法则（Heinrich's Law），又称“海因里希法则”，由德国飞机涡轮机的发明者帕布斯·海恩提出，这是一个在航空界关于安全飞行的法则。

海恩法则指出，在每一起严重事故的背后，必然有29次轻微事故和300起未遂先兆以及1000起事故隐患。海恩法则强调两点：一是事故的发生是量积累的结果；二是再好的技术、再完美的规章，在实际操作层面，也无法取代人自身的素质和责任心。

按照海恩法则，当一件重大事故发生后，我们在处理事故本身的同时，还要及时对同类问题的“事故征兆”和“事故苗头”进行排查处理，及时解决事故的隐患，把问题解决在萌芽状态，以防止类似问题的再次发生。

管理启示

海恩法则给我们的启示是，企业所发生的重大事故其实都是可以预防的，关键是我们不能忽视企业经营过程中的每一个细节问题。

问题分两种，一种是一个问题的存在引发下一个问题的产生，长此以往，最终众多问题的存在，就导致了一个系统的整体瘫痪或毁灭，或一次重大事故的发生；另一种是一个问题的存在如同一颗种子或一个病菌的存在，种子的孕育和生长将会使小问题演变成大问题，病菌的传染、复制和传播，将不断对周围的事物进行破坏，最终将一个健康的组织演变为一个无法治愈的坏体。

中国有句俗话，叫“三岁看老”。其实成年人的表现在他三岁之前就已经有所显现，所以孩子在三岁之前的教育是最关键的。三岁之前的孩子不可能犯什么大错误，要教育也很容易，而一个成年人所犯的错误可能就是重大的犯罪。教育一个成年人，不仅成本非常高，而且效果也很微小。

在事故发生之前，会出现很多先兆或苗头，这其实是对管理者的一种预警，如果管理者不重视和不及时处理，企业终将受到惩罚，付出重大的代价。

这其实也是在说明，企业是一个严丝合缝的系统。要让企业健康运转，一定要维护好系统的每一部分，一定要随时自检自查，及时针对问题提出解决方案，不允许一点儿瑕疵或疏漏的存在。如此，才能保证企业的长久生存。

酒与污水定律

编者荐语

企业就像一个动物园，里面什么动物都有，有大象、狮子、猎豹、羚羊、狼、狐狸、乌鸦、蛇、老鼠、天鹅、青蛙……如何管理好这些“动物”，让这个动物园健康长久发展呢？这将不断消耗动物管理员的智慧和精力。

不过，在真实的企业管理中，员工并不是某一种特定的动物，具备的也不是一成不变的理想化的独立品格和习惯，他们的品格和习惯还会相互影响或传染。管理者如何才能让好的风尚得到普及，而让不好的风气快速扼杀在摇篮之中？这需要管理者敏锐的嗅觉、快速的决断和执行的魄力。

基本释义

酒与污水定律（Wine and Sewage Laws）是西方管理学中一个有趣的定律，意思是把一勺酒倒进一桶污水，得到的是一桶污水；如果把一勺污水倒进一桶酒里，得到的还是一桶污水。

酒与污水定律揭示的是，污水和酒的比例并不决定这桶东西的性质，起决定作用的只是那污水。也就是说，不管污水有多少，只要它存在，再多的美酒都将变成污水。

和酒与污水定律类似的是中国俗话中所说的“一粒老鼠屎坏了一锅汤”。

管理启示

酒与污水定律说明，对一个群体或者组织影响不好的事物，我们应该在其开始破坏周围的事物之前就要将其及时处理掉，否则整个群体或组织都将被彻底破坏。

中国有句俗话，“林子大了，什么鸟都有”。其实在任何组织里，都存在几个影响糟糕的人物，他们存在的目的似乎就是把事情搞糟。他们到处搬弄是非，编造谎言，破坏组织健康的发展。他们就像水果篮子里的烂苹果，如果不及时拣出扔掉，就会快速传染，把果篮里其他苹果都弄烂。

所以，在企业管理中，管理者的一项重要任务就是及时发现团队中的“污水”或“烂苹果”，将其严肃清除，并在内部作为负面案例进行宣传。如果任其发展，必将给企业带来极大的破坏。

在企业管理中，美酒意味着优秀的人才或团队，一勺美酒倒入污水也就是一个优秀的人才进入一个糟糕的团队，他绝无可能独善其身；一勺污水倒入美酒也就是一个破坏力强的人进入一个优秀的团队，他可能也会很快破坏这个团队。

组织其实是非常脆弱的，是靠各个层面的合力而维持和稳定下来的一种平衡系统。要建立一个优秀的组织，需要很长时间；而一个破坏者要破坏一个组织，却只需要很短的时间。

任何事物，破坏总比建设容易。一个组织就像一名卓越的工匠耗费大量时间和精力制作的一件陶器，而这个陶器只需要一头驴一秒钟就可以毁掉。那么，就算是有再多的能工巧匠，不管他们制作出了多少优秀的作品，只要组织里有这样的一头驴，那都是经不起它“折腾”的。管理者唯一能做的，就是尽快把这头驴拉出去，而不是任由它肆无忌惮地乱跳乱窜，进行破坏。

避雷针效应

编者荐语

当企业发展壮大之后，面临的问题就变得复杂和多变，而且无论一家企业的规模有多大、实力有多强，在世界这个巨大社会体和经济体中，都是微小和脆弱的。如何才能让企业在市场的风浪中稳定发展，如何为企业建立护城河和防火墙，如何守住企业的根基？这是管理者必须考虑的重要问题。

基本释义

避雷针，又名“防雷针”“接闪杆”，是用来保护建筑物、高大树木等避免雷击的装置。其原理是，在被保护物顶端安装一根接闪器，用符合规格的导线与埋在地下的泄流地网连接起来，当雷云放电接近地面时它使地面电场发生畸变，在避雷针的顶端形成局部电场集中的空间，以影响雷电先导放电的发展方向，引导雷电向避雷针放电，再通过接地引下线和接地装置将雷电流引入大地，从而使被保护物体免遭雷击。

避雷针的原理常被人们引用到生活当中，因为很多灾难性的事件并不是不可避免的，所以我们如果能总结经验教训，设计好防范措施，就能化灾难于无形。

管理启示

对于企业管理来说，可以做这样的形象比喻——在某种程度上，一线的业务人员或者企业的最高长官就是企业的“避雷针”。因为他们会在第一时间发现企业灾难或危机的信息或信号，只要他们发挥好“避雷针”的作用，灾难和危机就能通过企业的某种机制得以化解。

可以说，每一次灾难或危机都不是前所未有的，也不是毫无先兆的。因此企业在发展过程中，一定要吸取其他企业成功和失败的教训，对有可能出现的重大问题做好提前的防范和准备。

首先，作为市场或业务最前端的人员以及关键部门或企业的管理者，一定要发挥好“避雷针”的作用；其次，企业应该设立灾难或危机处理机制，一旦事故来临，就立刻启动应对机制，通过机制的力量将危机化解于无形，或将损失降到最小。

多米诺骨牌效应

编者荐语

这是一则春秋战国时期的故事。

据说，楚国有个边境城邑叫卑梁，那里的姑娘和吴国边境城邑的姑娘同在边境上采桑叶，她们在做游戏时，吴国的姑娘不小心踩伤了卑梁的姑娘。

于是，冲动的卑梁人带着受伤的姑娘去责备吴国人。吴国人出言不逊，冲动加气愤让卑梁人十分恼火，于是就杀死了出言不逊的吴国人。矛盾开始升级，其他的吴国人去卑梁报复，又不分青红皂白地把那个卑梁人全家都杀了。

卑梁的守邑大夫大怒，说："吴国人怎么敢攻打我的城邑？"于是发兵攻击吴人，把当地的吴人老幼全都杀死了。

吴王夷昧听到这件事后很生气，派人领兵入侵楚国的边境城邑，攻占以后才离去。吴国和楚国因此发生了大规模的冲突。

随后，吴国公子光又率领军队在鸡父和楚国人交战，打败楚军，俘获了楚军的主帅；又接着攻打楚国国都，俘虏了楚平王的夫人。

从做游戏踩伤脚，一直到两国爆发大规模的战争，以至吴军攻入楚国，中间一系列的演变过程，似乎有一种无形的力量把事件一步步推入不可挽回的境地。

这种现象，其实就是多米诺骨牌效应。

基本释义

依次排列的多米诺骨牌，只要第一张骨牌倒下，后面的骨牌就会跟着依次倒下，这就是多米诺骨牌效应（Domino Effect）。它是指在一个内部结构相互联系的系统中，一个很小的初始能量就可能产生一系列的连锁反应。

多米诺骨牌效应源于多米诺骨牌游戏。这种游戏的规则是，事先按照点数的大小以相接的方式把骨牌连接起来，其目的和难点就在于骨牌一倒则俱倒，一不小心就会前功尽弃。据说世界上最大规模的多米诺骨牌游戏一共使用了340万块骨牌。

多米诺骨牌效应提醒我们，要把握好每一个环节，一旦一块骨牌倒下，后果可能会不堪设想，甚至可能几十年的心血付之东流。因此，管理者决不要漠视企业的局部危机，因为它往往是整体崩溃的开始。

管理启示

企业得以发展都是因为在庞大的市场经济中找到了一个平衡点。由于市场竞争的激烈和残酷性，通常这种平衡是很脆弱的，可能因为某一块“骨牌”的倒下，整个企业就瘫痪了。

在小学语文课本中有《亡羊补牢》的成语故事——

从前有个人，养了几只羊。一天早上，他去放羊，发现羊少了一只。原来羊圈破了个窟窿，夜里狼从窟窿钻进去，把羊叼走了。

邻居对他说：“赶快把羊圈修一修，堵上那个窟窿吧。”

“羊已经丢了，还修羊圈干什么呢？”他回答。

第二天早上，他去放羊，发现羊又少了一只。原来狼又从窟窿钻进去，把羊叼走了。

他十分后悔没有听邻居的话，心想，现在修还不晚。他赶快堵上那个窟窿，把羊圈修得结结实实的。从此，他的羊再也没丢过。

这个故事改编自《战国策·楚策四》，原文这样写道：“见兔而顾犬，未为晚也；亡羊而补牢，未为迟也。”

如果我们对一只“羊”的丢失，或某一张“骨牌”的倒下不管不顾，那其他的“羊”将全部丢失，企业的所有“骨牌”可能都将倒下。我们必须提前做好防护，以防“羊”的丢失。如果防范不到位，一旦有“羊”丢失，我们必须及时做出反应，对其他的“羊”进行特别保护。

同样，我们必须对企业发展建立预警机制，防止问题的发生。一旦企业在某一个环节出现问题，我们必须及时做出反应，对问题的原因进行核查和处理，防止由于问题的蔓延，引发一系列的问题，以致一发不可收拾，造成无法承受的灾难性后果。

多米诺骨牌效应对于企业来说，并不是小题大做，也不是危言耸听，这是一个客观的规律。作为管理者，我们在经营管理过程中，一定要细心谨慎，不能忽视任何一个小的细节。正所谓“小心驶得万年船”，要防微杜渐，确保企业健康和稳定地发展。

费斯诺定理

编者荐语

讲和听，是一对一沟通的两个方面。关于如何讲，有一些法则给我们以指导，但如何倾听才能获得对方真正想表达的信息，如何通过倾听实现沟通的目的，这需要我们学习和揣摩。

由于管理者的性格和风格不同，因而会导致沟通中的听者和说者之间状况不同。如何把握说与听的分寸，相信费斯诺定理能给我们一些启示。

基本释义

英国联合航空公司总裁费斯诺提出，一个人有两只耳朵，却只有一张嘴巴，从生理结构上就意味着人是应该多听少讲的。说得过多了，“说的”就会成为“做”的障碍。

希腊哲学家喀隆也曾说过，不要让你的舌头超出你的思想。

“费斯诺定理”在生活中被人们广泛运用。其实，中国古时候就懂得了这个道理，中国有“言多必失”的成语，意思是我们要控制自己的言语，防止过犹不及。中国还有“兼听则明，偏听则暗”的成语，也是说我们有两只耳朵，要多听取他人的声音。

故事延伸

国王收到了三个金人，无论是称重量还是看做工，都是一模一样的。但进贡人要求国王回答问题：三个金人哪个最有价值？

最后，一位老臣拿着三根稻草，插入第一个金人耳朵里，稻草从另一边耳朵掉出来；插入第二个金人耳朵里，稻草从嘴巴里掉出来；插入第三个金人耳朵里，稻草掉进肚子里。

老臣说：第三个金人最有价值。

进贡人默默无语，答案正确。

管理启示

在人与人的沟通中，说并不就意味着主动，听并不就意味着被动。如果不能很好地倾听，那你所说的可能是毫无意义的，因为你所说的可能并不是对方想听到的，或者并不能真正解决对方面对的问题。掌握主动权者未必是喋喋不休者，最有价值的人也不一定是最能说的那一个。

费斯诺定理的核心意义就是倾听。倾听既是一种获得有效信息的途径，又是一种有效沟通的方法，也是对员工或领导的一种尊重。有效倾听可以辅助管理者做好本职工作，并且可以完成建立在有效倾听基础上的创新。

在企业内部，倾听是管理者与员工沟通的基础，但在现实中很多人并没有真正掌握“听”的艺术。只有认真地听取别人的心声，才能更好地说出自己的心声，虚心听取别人的意见是一个人进步的必要条件。自己意见不成熟时不随意发表，多听、多做、少说是一个人成熟的表现。

破窗理论

编者荐语

当办公室地板上有一个烟头一直没被清理之后，地上的烟头越来越多了。

当办公室有一个人迟到而没有受到惩罚之后，迟到的人越来越多了。

当有一个员工没有戴工牌而没有人反映之后，大家都不再戴工牌了。

当某个员工的工位脏乱差但却没有人警告后，办公室的环境越来越糟糕了。

当有一个人因为贪污而没有受到惩罚之后，贪污的人越来越多了。

这是什么原因呢？

在公司内部，你还发现过哪些类似的情况？

基本释义

美国心理学家菲利普·津巴多（Philip Zimbardo）于1969年进行了一项实验。他找来两辆一模一样的汽车，其中一辆停在加州帕洛阿尔托的中产阶级社区，而另一辆停在相对杂乱的纽约布朗克斯区。

停在布朗克斯的那辆，他把车牌摘掉，把顶棚打开，结果当天就被偷走了，而放在帕洛阿尔托的那一辆，一个星期也无人理睬。

后来，津巴多用锤子把那辆车的玻璃敲了个大洞。结果呢，仅仅过了几个小时，它就不见了。

以这项实验为基础，美国政治学家詹姆士·威尔逊和犯罪学家乔治·凯林提出了“破窗理论”。该理论认为，如果一扇窗户被打破后，没有及时进行修复，将会导致更多的窗户被打破，甚至整栋楼都被拆毁，这就是破窗理论。

破窗理论，也称“破窗效应”，源自犯罪心理学，由威尔逊与凯琳于1982发表于《大西洋月刊》(*The Atlantic Monthly*)，文章标题为“破窗”(*Broken Windows*)。该理论指出环境会对人们的行为产生强烈的暗示性和诱导性，如果环境中的不良现象被放任存在，就会诱使越来越多的人效仿，甚至变本加厉。

以一幢有少许破窗的建筑为例，如果那些窗被不尽快修好，可能将有破坏者破坏更多的窗户，最终他们甚至会闯入建筑内；如果发现无人居住，也许就在那里定居或者纵火。一面墙，如果出现一些涂鸦没有被清洗掉，很快，墙上就布满了乱七八糟、不堪入目的东西；一个很干净的地方，人们不好意思丢垃圾，但是一旦地上出现垃圾，人们就会毫不犹疑地往这里乱扔垃圾，丝毫不觉得羞愧。这些现象，都是破窗效应的例子。

管理启示

“第一扇破窗”，往往是事情恶化的起点。

以我们生活中最常见的事情为例。你分别到两位朋友家做客，朋友甲的家里窗明几净，地板一尘不染，如果他忘了给你准备烟灰缸，你一定会在点烟之前请他帮你找一个烟灰缸，而决不忍心让烟灰落在光亮的地板上；朋友乙的家里随处可见尘土和纸屑，估计你也懒得要朋友给你准备烟灰缸了，而是任由烟灰飞散，后来甚至直接把烟头扔在地板上了。

所以，在“第一扇窗户”被“打破”之后，一定要及时处理并进行修复，也即把可能造成的更大的破坏扼杀在萌芽状态。在管理工作中，要尽可能做到百分百用心和完美，一旦发现管理上的瑕疵，一定要及时弥补和完善，不能任由“口子”越撕越大，最后无法收场。

对于企业管理来说，大家同处于一家公司，思想、语言、行为都会互相传染，特别是管理者自身，其示范效应更是重大。管理者的一言一行都被员工看在眼里，并进行模仿。当然，好的言行和工作作风是应该被宣传和推广的，但是不好的言行和工作作风一定要及时制止和处理，决不能放任不管。

所以，对不良风气的及时遏制，以及对企业优良文化的建立和塑造，是管理者的重要责任。从表面上能看到的企业的办公环境，再到看不见的深层次的员工的职业素养，都是企业文化的重要组成部分。

毋庸置疑，良好健康的环境和员工行为能推动企业的健康发展，而糟糕的环境和员工恶习必将给企业造成破坏。所以，管理者应该注重办公环境的建设，并着力加强员工职业素养的培训，塑造良好健康的企业文化。

作为管理者，我们应该带头维护和确保企业“每一扇窗户”都完好无损，也保证“每一扇窗户”的整洁卫生和企业环境的干净明亮。如此，企业的每一位员工才会自发爱护好“每一扇窗户”，也会自发清洁“每一扇窗户”，保持“每一扇窗户”的整洁卫生，使大家共同沐浴在“干净明亮”的企业文化之中。

7

决策判断篇

智猪博弈

编者荐语

在自然界中，有“弱肉强食”的法则，也有“优胜劣汰”的法则。在作者看来，自然界中难免存在“弱肉强食”，但是最终来看，一定是“优胜劣汰”的。

在任何一个竞争领域，都有强大的领导型企业，也有相对弱小的追随型企业。在强弱悬殊的情况下，大多数的弱者必然面临被强者蚕食的结局。但是长期来看，弱者也可以利用好的竞争策略，在竞争中不断强化自身力量，逐渐变成强者，最终存活下来，而这依赖于管理者的智慧。

不管我们是试图美化商业竞争，还是试图丑化商业竞争，商业竞争的结果必然是最终的“你死我活”。所以，在不违法的前提下，任何一种能让企业活下去，并能让企业持续发展的策略，都是最好的策略。

基本释义

在经济学中，“智猪博弈”是一个著名的纳什均衡的例子。假设猪圈里有两头猪，一头大猪，一头小猪。猪圈很长，一头有一踏板，另一头是饲料的出口和食槽。猪每踩一下踏板，另一边就会有相当于10份的猪食进槽，但是踩踏板以后跑到食槽所需要付出的“劳动”，加起来要消耗相当于2份的猪食。

问题是踏板和食槽分置笼子的两端，如果有一只猪去踩踏板，另一只猪就有机会抢先吃到另一边落下的食物。踩踏板的猪在付出劳动并跑到食槽的时候，坐享其成的另一头猪早已吃了不少。

“笼中猪”博弈的具体情况如下：如果两只猪同时踩踏板，同时跑向食槽，大猪吃进7份，得益5份，小猪吃进3份，实得1份；如果大猪踩踏板后跑向食槽，这时小猪抢先，吃进4份，实得4份，大猪吃进6份，付出2份，得益4份；如果大猪等待，小猪踩踏板，大猪先吃，吃进9份，得益9份，小猪吃进1份，但是付出了2份，实得-1份；如果双方都懒得动，所得都是0。

		小猪	
		行动	等待
大猪	行动	5，1	4，4
	等待	9，-1	0，0

利益分配格局决定两头猪的理性选择，借助图示的报酬矩阵，我们可以分别看出两头猪的最佳选择。

就小猪来看，小猪踩踏板只能吃到1份，不踩踏板反而能吃上4份。因此对小猪而言，无论大猪是选择行动还是等待，小猪的选择都应是等待，即等待是小猪的占优策略，也就是说小猪最好的选择就是“搭便车”，也就是舒舒服服地等在食槽边，等待食物进槽。

再来看大猪。由于小猪有“等待”这个优势策略，大猪只剩下了两个选择——一是等待，一份也得不到；二是踩踏板，得到4份，所以“等待”必然是大猪的劣势策略。当大猪知道小猪不会去踩动踏板时，只有自己亲自去踩踏板，于是就为了一点儿残羹不辞辛苦地奔忙于踏板和食槽之间。

理论延伸

纳什平衡

纳什平衡（Nash Equilibrium），又称“非合作博弈均衡”，是博弈论的一个重要术语，以约翰·纳什命名。

纳什平衡，是指在一个博弈过程中，无论对方的策略选择如何，当事人一方都会选择某个确定的策略，则该策略被称作“支配性策略”。如果两个博弈的当事人的策略组合分别构成各自的支配性策略，那么这个组合就被定义为纳什平衡。

每个博弈者的平衡策略都是为了达到自己期望收益的最大值，因此其他所有博弈者也遵循这样的策略。

关于纳什平衡的普遍意义和存在性定理的证明等，是奠定非合作博弈理论发展基础的重要成果，是约翰·纳什在普林斯顿大学攻读博士学位时完成的。

实际上，博弈论的研究起始于1944年冯·诺依曼（Von Neumann）和奥斯卡·摩根斯坦（Oscar Morgenstern）合著的《博弈论和经济行为》。然而却是纳什首先用严密的数学语言和简明的文字准确地定义了纳什平衡这个概念，并在包含“混合策略（Mixed Strategies）”的情况下，证明了纳什平衡在多人有限博弈中的普遍存在性，从而开创了与诺依曼和摩根斯坦框架路线完全不同的“非合作博弈（Non-cooperative Game）”理论，进而对“合作博弈（Cooperative Game）”和“非合作博弈”做了明确的区分和定义。

阿尔伯特·塔克（Albert Tucker）教授评价其论文：“这是对博弈理论的高度原创性和重要贡献。它发展了本身很有意义的多人有限非合作博弈的概念和性质。并且它很可能开拓出许多在两人零和问题以外的，至今尚未涉及的问题。在概念和方法两方面，该论文都是作者的独立创造。”

管理启示

在市场竞争中，大企业就好比大猪，中小企业就好比是小猪，踩踏板的行为可以比作技术创新或市场培育，这可以给企业带来收益。

对于大企业来说，资金雄厚，技术能力强，市场经验丰富，抗风险性较好，也有资本进行技术创新和市场培育，如果新产品能在市场推广成功便可获得高额利润。

对于小企业来说，在资金、资源、技术和经验方面，都不如大企业，一旦失败，将面临巨大的风险，甚至导致企业的破产。于是小企业的最优选择便是等待，等大企业技术研发成功以及市场培育成熟后，跟在大企业后面，抢占市场份额，从中获得利益。

高明的管理者应该善于利用各种有利条件为自己服务，对于中小企业来说，“搭便车”不失为管理者的一项聪明选择，也是中小企业发展的必经之路。

猎鹿博弈

编者荐语

在市场竞争中，你是喜欢联手合作，还是喜欢单兵作战？

从经济效益方面来说，这取决于联手合作的收益和单兵作战的收益的比较。总的来说，合作之后整体的力量更强大，市场竞争力更强，能获得更好的资源和更大的市场，所以我们更应该考虑联手合作。

然而，在现实中，合作的发生却很难；就算合作成功，也不见得能长久。这其中最主要的原因是什么呢？

基本释义

猎鹿博弈，又称“猎鹿模型”（Stag Hunt Model）、“猎人的帕累托效率”，源自启蒙思想家卢梭的著作《论人类不平等的起源和基础》中的一个故事。

古代的村庄有两个猎人，当地的猎物主要是鹿和兔子。如果一个猎人单兵作战，一天最多只能打到4只兔子。如果两个人合作，一天就能猎获一只鹿。从填饱肚子的角度来看，4只兔子能保证一个人4天不挨饿，而一只鹿却能让两个人吃上10天。

这样，两个人的行为决策可以形成两个博弈结局：①分别打兔子，每人得4；②二人合作，每人得10。这样猎鹿博弈就有两个纳什均衡点：①要么分别打兔子，每人吃饱4天；②要么合作，每人吃饱10天。

很显然，猎鹿博弈的事实是，两人一起猎鹿的好处比各自打兔子的好处要大得多。用经济学术语来说，两人一起猎鹿比各自去打兔子更符合帕累托最优原则。

然而，猎鹿博弈的前提假设是猎人双方平均分配猎物。如果只考虑提高整体效率，而不考虑分配问题，那两个人合作猎鹿的好处的确要比各自打兔子的好处要大得多。但是现实情形是，如果一个猎人的能力更强或贡献更大，那他就会要求得到较大的一份，这样分配的结果就不再是10：10，而可能是11：9、12：8、13：7、14：6、15：5，这样分配都没有问题，因为无论如何，能力较差的猎人的所得都要多于他独自打猎的所获。但是一旦分配变成16：4、17：3、18：2、19：1，那能力较差的猎人就没有了合作的利益动机，合作猎鹿也不具有帕累托优势，这就会让另一个猎人觉得利益受损而不愿意合作。

管理启示

“合则双赢”是企业管理中的基本常识，就像两个猎人猎鹿的合作一样，然而现实中的合作却并非那么容易。每一方都在寻求利益最大化，而某一方的利益最大化，必然会让另一方的利益变小。因此合作要求博弈双方不仅要学会与对手共赢，而且要充分照顾合作者的利益。合作方在认识到合作共赢之后，还必须找到分配的临界点，这样才能使双方都能达到理想的收益，合作才可能长久。

在市场竞争中，由于企业之间拥有的资源不同、各自的优势和长处不同，如果能够选择强强联合，优势互补，则能将市场蛋糕做得更大，综合效益明显提升，也就是产生“1+1＞2”的效果。企业的本质是利益最大化，只要能提升收益，跨行或是同行的合作、区域外或是区域内的合作、整体的或是局部的合作、人才或者资金的合作，都是可以积极考虑的。

但是，在合作的收益分配方面，就应该考虑到帕累托最优原则。只有相对的帕累托最优，合作才能成立，合作也才能长久。

史华兹论断

编者荐语

企业每一天的运营都不会是一帆风顺的，每一天都会遇到各种各样的问题。作为管理者，每天从睁开眼睛的第一秒就开始处理各种各样的问题。

如何看待企业出现的问题？

如何通过每一天的问题处理而将企业带到一个新的起点？

管理者需要有什么样的心态，才能处理好每一天出现的各种问题？

在企业管理的实践中，一个问题的妥当处理，会给企业的发展带来新生。反过来，一个问题的处理不当，可能会给企业带来一场灾难。所以，对于管理者来说，每一天都是重要的一天，每一天都在影响着企业的发展轨迹。

基本释义

史华兹论断，由美国管理心理学家D. 史华兹提出。

按照史华兹的观点，所有的坏事情，只有在我们认为它是不好的情况下，它才会真正成为不幸事件，这一观点被后人界定为史华兹论断。

不管对于企业还是个人，在碰到问题或遭遇挫败时，是消极对待，自暴自弃，让它成为不可逆转的事实，还是积极对待，总结经验，让它变成促使自身重新上路的动力，最终决定权在我们的手中。

史华兹论断的要义是，我们应该从坏中看好，如果运用我们的智慧将“坏事”变成“好事”，就会别有洞天。

管理启示

在这个世界上，总是存在着某种平衡，每一种好都会有坏的一面，每一种坏也一定都有好的一面，关键在于我们如何看待它。

整个宇宙就是一个混沌体，没有人能真正看清它；任何一个事件的发生，也不会有人能真正厘清它的来龙去脉；在任何一个时间点，我们都不可能完全知道下一个时间点的变化。我们所拥有的，只有当下的意识，然后做出这一刻的决定，开始下一刻的行动。所以，我们的视角就变得非常重要，我们的意志要将事物领向何方，事物就一定会往那个方向去发展。这不是主观唯心主义，而是人的主观能动性的结果，也是宇宙的一种能量守恒定律。

如果我们从微观的一个人或一个企业，放大到全球化的视野，就会看到全球每一天都有重要事件在发生，这些重要事件都会给个体带来影响。如果我们是从对自己有利的角度去思考，那它就会变成一个好的事件，我们也会制订出对我们有利的方案；如果我们是从对自己不利的角度去思考，那它就会变成不好的事件，我们就会消极处理，而忽视了它本身具有的积极因素。

在球场上，最好的防守就是进攻，所以进攻思维才是最好的战争思维。防守是一种收缩战略，进攻是一种扩张战略。在市场竞争中，收缩的结果是自己的疆土不断被对手蚕食，扩张的结果是不断蚕食对手的疆土，而每一件事情的发生是让我们被动收缩，还是让我们借势扩张，全由我们自己决定。

吉德林法则

编者荐语

有效解决问题的关键是什么？有人说是管理者的魄力，有人说是企业制订的处理问题的机制，有人说是团队的凝聚力。

在企业出现问题的时候，管理者必须做出决策，拿出方案，快速解决问题，而决策、方案最终能否解决问题，其前提和关键是有没有抓住问题的根本。

企业出现的每一个问题，我们通常都只能看到它的表象，而问题本身是什么，从不同的人的立场，或从不同的角度来看，会有不一样的界定。如果不能很好地、有效地和从根本上界定问题本身，则管理决策的正确性和有效性就无从谈起，问题也就不可能真正得到解决。

基本释义

吉德林法则源于查尔斯·吉德林的管理观点。

美国通用汽车公司前管理顾问查尔斯·吉德林提出：把碰到的难题清清楚楚地写出来，便已经解决了一半。

换句话说，就是只有先认清问题，才能很好地解决问题，这种观点在管理学上被称为“吉德林法则”。

对于中国人来说，吉德林法则的要义其实是很明了的。在中国传统医学上，医生开药方之前，必须要“望、闻、问、切”，也就是通过各种工具和方式确定病因，再做出治疗的决定。所以治病最重要也最困难的不是开出药方，而是确定病因。

管理启示

不管是个人还是企业，在问题出现的时候，我们往往急于拿出解决问题的方案，或急于马上着手处理问题，而不会在深入了解问题的根本原因或者找到问题的起源上花时间和精力，以致每一次解决问题都只是一种形式或者是对解决问题的拖延，于是问题不断恶化，小问题变成了大问题，场面最终变得无法控制。

每一种问题，都有合适的方法来解决，关键是要看清问题出现的根本原因在哪里。一旦找到了问题出现的原因，其实也就接近于找到了解决问题的方法，剩下的只是拟订方案和具体实施了。

笔者长期从事企业管理咨询服务，根据笔者的经验和观察，中国大部分企业在聘请咨询公司或咨询专家进入企业时，通常都是企业在碰到自身无法较好解决的问题时。不管是企业自身还是咨询方，如果不能找到问题产生的根本原因，那提出的解决方案一定是无效的。

同时，在企业咨询或广告服务的过程中，笔者还提出了一种观点，即如果我们不能用一句话来说明企业所面临的问题的话，那我们也不可能真正地解决好面临的问题。

为什么这么说呢？因为企业所面临的状况和企业自身其实都是非常复杂的，我们只有剥茧抽丝，厘清各种关系和逻辑，才能找到问题的根本原因，也就是只有真正找到“病根”，才有可能实现“药到病除”。

如果我们不能直截了当、简单明了地阐述问题的话，说明我们还只是浮在问题的表面，也就是还没有搞清楚真正的问题是什么。这是企业管理者或咨询方不够认真和深入的表现，也就是偷懒的表现。

布利丹效应

编者荐语

每个人都会产生选择困难症，因为我们的时间、精力、资金和掌握的资源都是有限的。要达到我们的既定目标，就会面临资源配置不够的问题，但是我们又只能从有限的资源中选择一个，而不能同时多选。

对于企业来说，我们总会在人才、项目、行业之间不断选择，以便让企业有限的资源产生最大化的收益。

因此，如何选择，需要企业管理者具有强大的决策力。

基本释义

布利丹效应，又称“布利丹毛驴效应”，是从一个外国成语引申而来。

14世纪，法国经院哲学家布利丹在一次议论自由问题时讲了这样一个寓言：“一头饥饿至极的毛驴站在两捆完全相同的草料中间，可是它却始终犹豫不决，不知道应该先吃哪一捆才好，结果活活饿死了。”

由这个寓言故事形成的成语“布利丹驴”，被人们用来喻指那些优柔寡断的人。后来，人们常把在决策过程中犹豫不决、难做决定的现象称为“布利丹效应”。

布利丹毛驴面临的是经济学家所说的选择问题。人的资源是有限的，但是欲望是无限的，要用什么资源去满足那些欲望，这是资源配置问题，因此做出选择并不是容易的事。

故事延伸

《聊斋志异》中有这样一则故事：

两个牧童进深山，入狼窝，发现两只小狼崽。他俩各抱一只分别爬上大树，两树相距数十步。片刻，老狼来寻子。

一个牧童在树上掐小狼的耳朵，弄得小狼嗷叫连天，老狼闻声奔来，气急败坏地在树下乱抓乱咬。

此时，另一棵树上的牧童拧小狼的腿，这只小狼也连声嗷叫，老狼又闻声赶去。

就这样，老狼不停地奔波于两树之间，终于累得气绝身亡。

这只老狼之所以累死，就在于它企图救回自己的两只狼崽，一只都不想放弃。

实际上，只要它守住其中一棵树，用不了多久就能至少救回一只。

管理启示

正所谓“鱼与熊掌不可兼得”，我们常常会面临两难选择：选择A，担心失去B；选择B，却又担心失去A。正是这种举棋不定的心理，让我们失去了最佳的决策时机。

同样，布利丹效应的根本问题就在于追求最优而导致影响了决策，进而一再丧失机遇。这就要求企业管理者必须具有一定的胆识和魄力，敢于决策，敢于承担责任。

尤其是在市场变化越来越快的今天，“看清了再做”越来越成为一种理想状态，而不会在现实决策中出现。因为机会稍纵即逝，当我们还在进行多方确证和层层审批的时候，机会可能就被对手抢走了。所以，作为管理者，在大致看清楚一个方向的时候，必须果断地抓住时机，确定新的行进方向，并集中所有资源朝着新方向全力进取，这是管理者必备的决策力。也只有如此，企业才能够有所突破。

当然，投资就像赌博，有赢也有输，这是必然的现象。但如果长时间犹豫不决，代价可能更大。格鲁夫在回忆英特尔转型时谈道："路径选错了，你就会死亡。但是大多数公司的死亡，并不是由于选错路径，而是由于三心二意，在优柔寡断的决策过程中浪费了宝贵的资源，断送了自己的前途。所以最危险的莫过于原地不动。"

弗洛斯特法则

编者荐语

企业的“赢”，就是凭借一个优秀的团队，在一个相对集中的领域或区域，通过一段时间的全力投入，获得一个阶段性的具体成果。

如果我们倒推回来，假设企业想“赢”，就必须确定自己想要的“具体成果”是什么，打算奋斗多长时间，要选择什么样的领域或区域，团队是谁……

在这当中，团队决定了我们能有多大成就，时间决定了我们能成就多少，而领域和区域则决定了我们能否取得成就。团队和时间都是我们主观可控的，领域或区域虽是客观的和不可控的，但我们可以主动选择取舍。

基本释义

美国思想家W.P.弗洛斯特说过，在筑墙之前，我们就应该知道把什么圈出去，把什么圈进来，这被后人定义为弗洛斯特法则。

弗洛斯特法则的意义是，不管干什么，如果我们一开始就明确了界限，一般而言就很少会做出超越界限的事情来。

对于企业而言，我们首先要明确自己应该做什么，不应该做什么，也就是要明确我们今后发展的领域或区域。领域或区域越小，越可能取得成功，而团队的优秀程度和时间的长短，则决定一家企业能在这一领域或区域做得多深和多扎实，这也是能否成为一家百年企业的关键。

管理启示

对于企业发展来说，是先将规模做大，还是先将根基做深，处在不同的经济环境，企业对两者会有不同的选择。应该说，在一个领域或区域的市场初期，面临着大量的市场需求，作为追逐利润的企业来说，“快速收割”是首要任务，但长远来看，“做深、做实”才是长久之计。

企业在“筑墙”之前，应想清楚“什么是必要的”“什么是不必要的”“什么是坚定不移的”“什么是要适当割舍的”，以确保有限的人员在有限的时间内实现企业的具体目标。

对于企业管理来说，更多的是在做选择，选择左还是选择右，选择多还是选择少。当大家选择左的时候，往右的路可能不会那么拥挤，反而能更快到达目的地；当大家选择多的时候，选择少一点儿的或许能消化得好一点儿，健康一点儿，轻松一点儿。

企业的选择，关乎一群人一生的命运，也关系着一群人背后的很多家庭的命运。在企业发展的每一个关键阶段，管理者都要不断确定什么是企业“筑墙”的“范围”，什么不是企业“筑墙”的“范围”。

垃圾桶理论

编者荐语

企业管理者每天都面临各种问题，需要做出各种决策。回想一下，你的决策过程是怎么进行的。

企业决策有四个相关因素：一是问题本身，二是决策参与者，三是对策的提出，四是对策的挑选和最终确定。问题本身是确定的，通常决策的参与者也是相对确定的，对策的挑选和最终确定也是有确定的程序的。相对来说，最不确定的变量是决策群体所提出的对策。

人们在面对某一特定的问题时，所提出的对策有什么规律可循吗？对于问题的解决来说，有各种各样的方法，问题的解决也是一个人创造力的表现。某些人在面对问题时，总能提出很多种有效的方法；而有些人面对问题时，就毫无头绪。这其实不是一个人的智商问题，而是其平时不断积累和不断思考的结果。

基本释义

垃圾桶理论(The Garbage Can Theory)即“垃圾桶模型”，是企业内部的一种决策制定模式。这个名字是从组织的一系列决策制定中产生出来的。这一模型最早是由美国管理学教授詹姆斯·马奇（James March）、科恩（Michael D. Cohen）、奥尔森（Johan. G. Olsen）等人于1972年提出。

垃圾桶理论指的是，当企业员工面对一项决策时，会针对面临的问题给出各种解决方案，但是这些方案基本上都被扔进了垃圾桶，只有极少数方案能够成为最终决策的组成部分。

垃圾桶理论的基础是马奇教授对组织行为的观察。他发现，在企业中工作的人们容易对某些行为模式产生偏好，于是这些模式会成为他们个人选择问题的解决方法时宠爱有加的“宝贝”。作为结论，垃圾桶理论指出：不管问题发生在何时何地，人们都会以此为机会，来实施他们早已选定的解决方法，这必然影响了决策的制定过程和最终结果。

从垃圾桶理论的逻辑来看，企业的发展其实是由一系列竞争性对策构成的集合体，它随时等待着问题的出现。因此，在垃圾桶模型下，决策可视为问题、对策和决策选择这三者的某一特定组合，而最终的决策不过是发生在垃圾桶内的淘金过程的副产品而已。

管理启示

从概率上说，每一项对策都可能会被扔进垃圾桶，但哪一项对策有可能会被从垃圾桶中拾出呢？这取决于决策者的思维方式或行为模式，而与问题能否被真正解决无关。实际上，决策者内心可能早就有了对策，只是通过集体决策的方式来说服大家，或者进一步验证其对策的正确性。

企业是由不同的人组成的，企业的表现其实就是人性的表现，只不过这种表现是通过集体或集合的方式所表现的。可以说，垃圾桶中其实有很多更好的方案，从垃圾桶中拾出的方案不一定是最佳方案，但这是群体决策的必然结果，也是群体合力的必然结果。

所以，如果你认为你所提出的对策是最佳对策的话，你一定要在大家都把它丢进垃圾桶的时候，不断把它拾出来，不断说服其他决策的参与者，这是避免你的对策最终沦为垃圾的唯一方法，也是你验证自己的问题解决思维模式是否有效的唯一途径和机会。

帕累托最优原则

编者荐语

管理的本质是什么?

管理职能体现在管理者每时每刻的工作中，企业在“管理”中向前发展。企业的本质是利用有限的资源获取最大化的利润，因此管理的本质必然是充分利用有限的资源，实现企业利润的最大化。所以，管理的本质必然是为企业实现最大化的投入产出比，也就是站在企业发展的角度实现最大化的经济效率。

管理工作似乎是非常抽象的，但其实也是非常具象的，管理工作体现为一个又一个的决策，以及整合资源和组织团队去执行一个又一个的决策。

决策并不意味着一定能提高经济效率。好的决策有利于提高经济效率，而坏的决策则损害了企业的经济收益。管理者如何才能确保其决策都能提高企业的经济效率呢?帕累托最优原则将能给管理者提供做决策的思路。

基本释义

帕累托最优（Pareto Optimality），也称“帕累托效率”（Pareto Efficiency），是以意大利经济学家维弗雷多·帕累托的名字命名。帕累托在关于经济效率和收入分配的研究中最早使用了这个概念。

帕累托最优是指资源分配的一种理想状态。假定固有的一群人和可分配的资源，从一种分配状态到另一种状态的变化中，在没有使任何人境况变坏的前提下，使至少有一个人变得更好。

帕累托最优状态，就是不可能再有更多的帕累托改进的余地。换句话说，帕累托改进是达到帕累托最优的路径和方法，而帕累托最优则是公平与效率的“理想王国”。

简单地说，如果一个人可以在不损害他人利益的同时改善自己的处境，他就在资源配置方面实现了帕累托改进，经济效率也就提高了。

管理启示

人们追求帕累托最优的过程，其实就是管理决策的过程。管理学所研究的管理活动，其目的是充分利用有限的人力、物力、财力，优化资源配置，争取实现以最小的成本创造最大的效率和效益。在企业管理中，管理者必须保证员工的利益不受损害，在保证员工合法权益得到保障的前提下实现企业利润最大化。企业管理活动的过程，实际上也是追求帕累托最优的过程。

经济学理论认为，在一个自由选择的体制中，社会的各类人群在不断追求自身利益最大化的过程中，可以使整个社会的经济资源得到最合理的配置。市场机制实际上是由一只“看不见的手”推动着。交易会使交易的双方都能得到好处，人们往往从自利的动机出发，在各种买卖关系中，在各种竞争与合作关系中实现互利的经济效果。

对于企业来说，它是以一个组织的形式进行市场竞争活动，企业需要考虑的利益方除了企业整体，还包括了股东、员工、顾客、合作者、社会力量等多方面的关系，而对于某一个部门的管理者来说，他面临的关系还包括了部门内部的员工、其他同级部门、上级部门、合作单位、企业整体、顾客以及其他相关的关系。如何在这些关系中实现帕累托最优，不仅是管理者的关键工作，也是管理者是否合格和优秀的评判标准之一。

手表定律

编者荐语

我们先讲一个发生在森林里的故事。

森林里生活着一群猴子，每天太阳升起的时候它们外出觅食，太阳落山的时候回去休息，日子过得平淡而幸福。

一名游客穿越森林，把手表落在了树下的岩石上，被猴子猛可拾到了。聪明的猛可很快就搞清了手表的用途，于是，猛可成了整个猴群的明星，每只猴子都向猛可请教确切的时间，整个猴群的作息时间也由猛可来规划。猛可逐渐建立起威望，当上了猴王。

做了猴王的猛可认为是手表给自己带来了好运，于是它每天在森林里寻找，希望能够拾到更多手表。功夫不负有心人，猛可又拥有了第二块表和第三块表。

但出乎猛可的意料，得到了三块手表的他有了新的麻烦：因为每块手表显示的时间都不相同，猛可不能确定哪块手表上显示的时间是准确的。

之后，每当有猴子来问时间时，猛可总是支支吾吾回答不上来。随之，猛可的威望大降，整个猴群的作息时间也变得一塌糊涂。

这个故事带给我们什么启示呢？

基本释义

手表定律，又称“萨盖定律”（Segal's Law），由英国心理学家P. 萨盖提出，是指一个人只有一只手表时，他能知道准确的时间，而当他同时拥有两只手表时却无法确定。也就是说，两只手表并不会比一只手表让人知道更准确的时间，反而会制造混乱，让看表的人失去对时间的判断。

手表定律主要用于影射人们的心理和行为表现，即我们每个人都不能同时选择两种或两种以上的行为准则或者价值观念，否则我们的行为将陷于混乱，我们将不能判断什么是对的、什么是错的，我们也不知道应该往哪个方向前进。

管理启示

手表定律告诉我们，不要奢望两块以上的手表能告诉你更准确的时间，因为准确的时间只有一个，而两块手表的时间不管是相同还是不相同，对于你来说都毫无意义，只会平添混乱。

当你拥有两只以上的手表时，你要做的就是毅然舍弃一只，而选择较为信赖的一只，尽量校准它，并以此作为你的标准，按照它显示的时间行事。

同样，一个人或一个团队也不能同时由两个以上的人来指挥，否则这个人或团队将左右为难，无所适从。对于一个企业，也不能同时采用两种不同的管理方法，否则将使员工们不知所措，导致企业无法发展。拿破仑说："宁愿要一个平庸的将军带领一支军队，也不要两个天才同时领导一支军队。"

另外，一旦我们面对矛盾选择的时候，建议使用"模糊心理"。所谓"模糊心理"，就是在一个很难决策的情况下，以潜意识的心理为基调，做出符合潜意识心理的选择。

心理学研究表明，"模糊心理"实际上是人在成长过程中不断积累的一种心理沉积。也许你并不能说出一条明确的原因，但是通过心理的潜意识，一般情况下可以做出最符合个体需求的决定。

这里说的潜意识，实际上就是我们常说的第一感觉。"模糊心理"在矛盾选择面前，能够提供给我们最安全的心理保护，因而是值得提倡的。

波克定理

编者荐语

作为管理者，如何面对企业内部的不同声音？如何才能做出适合企业发展的最佳决策？

人的知识、立场和角度不同，对同一问题的观点就不同。相对来说，管理者在经验和高度上是相对优越的，但是管理者也存在知识体系不够完善和知识面不够广泛的问题。因此如果其一意孤行，势必做出错误的决策。

基本释义

波克定理是由美国庄臣公司前CEO詹姆士·波克提出，是指无摩擦便无磨合，有争论才有高论。只有在争辩中，才可能诞生出最好的主意和最好的决定。

波克定理强调个人观点对整体决策的重要性，鼓励管理者听取员工的声音，鼓励员工积极参与团队决策，强调群策群力才是成功的基础。

因为只有每个成员都发表了自己的意见，并为之做出讨论时，这个团队才能变得更加团结和健康。管理者如果不愿意听取团队成员的意见，独断专行，那么要实现团队的目标是非常困难的。

管理启示

在管理者做出决策之前，在内部进行充分的讨论和辩论是非常必要的。团队成员的专业、经验和阅历不尽相同，当团队中出现不同意见或有不同方案时，来一场实实在在的“争论”，会给团队成员带来一场头脑风暴的思想洗礼，是非常有意义的事情。因为这不仅能使管理者做出的决策更加客观正确，也能通过“争论”让团队成员全面了解公司和领导的意图，形成团体意识，为决策后期的执行打下良好的基础。另外，只有每位成员享有自由发表意见的权利和机会，管理者才能及时了解成员的思想和想法，及时沟通理解不到位的问题，纠正错误的思想。如此一来，就能在“争论”中发现问题，就能在“争论”中解决问题，进而不断提高团队的合力。

8

自我管理篇

踢猫效应

编者荐语

在工作中，我们难免会有不满或不顺心的时候。当我们情绪焦躁或怒气冲冲的时候，应该如何管理自己的情绪呢？

你有将上司对你的无端指责引发的情绪转移到你的下属身上，进而对下属一通痛骂吗？

你有把公司对你的不公平待遇引起的愤愤不平情绪转移到对顾客的服务中吗？

你有将在公司里承受的委屈带回家中去宣泄吗？

我们身处企业，同时在和上司、下属、同级部门同事、顾客以及合作商打交道。除此之外，我们还与父母和家人相处。如何保证我们的坏情绪不会传染给他们，或者是不会影响他们，不会给他们带来不必要的伤害？

我们应该如何管理自己的坏情绪？

基本释义

踢猫效应（Kick Cat Effect），是指对弱于自己或者等级低于自己的对象发泄不满情绪，而产生的连锁反应。

踢猫效应源于一个生活小故事：一位父亲在公司受到了老板的批评，回到家就把沙发上跳来跳去的孩子臭骂了一顿。孩子心里窝火，狠狠去踹身边打滚儿的猫。猫逃到街上，正好一辆卡车开过来，司机赶紧避让，却把路边的人撞伤了。

这就是心理学上著名的“踢猫效应”，描绘的是一种典型的因坏情绪传染而导致的恶性循环。

一般而言，人的情绪会受到环境以及一些偶然因素的影响。当一个人的情绪变坏时，潜意识会驱使他选择下属或无法还击的弱者发泄。受到上司或者强者情绪攻击的人又会去寻找自己的出气筒，这样就会形成一条清晰的愤怒传递链条，最终的承受者是最弱小的群体。

管理启示

踢猫效应产生的基础是我们每个人都是人际关系中的一个环节，当我们遇到“低我们一等”的人时，都有将愤怒转移出去的倾向。

在生活和工作中，我们常常发现许多人在受到批评之后，不是认真反思自己身上的问题，而是通过向身边的人宣泄而获得解脱，而把自己本来应该解决的问题置之不理。这其实是一种没有接受批评，没有正确地认识自己的错误表现。受到批评，心情不好，可以理解，但受批评之后引发“踢猫效应”，不仅于事无补，反而会引发更大的矛盾。

现代社会中，工作与生活的压力越来越大，竞争越来越激烈。这种紧张很容易导致人们情绪的不稳定，一点儿不如意就会使自己焦虑或愤怒起来。如果不能及时调整这种消极因素带给自己的负面影响，就会成为“踢猫效应”中灾难的引发者。

企业是一个相对封闭的情绪环境，无论是管理者还是员工，他们的情绪都很容易传染给其他人。因此，每个人都应该管理好自己的情绪，找到合适的释放渠道。

尤其对于管理者来说，成功的管理者更应该很好地控制个人的情绪，避免因个人的坏情绪影响团队的情绪，避免因自己的坏情绪而引发一系列不良的连锁反应。

所以，管理者一旦发现自我负面情绪严重时，就应寻找合适的宣泄渠道和自我调整的方法，避免将负面情绪带到管理工作中，确保对团队进行理性和正向的积极管理。

例外原则

编者荐语

管理者的工作应该是让团队整体发挥最大的能量，而不是依赖于管理者个人在业务一线的亲力亲为。

在现实工作中，领导者除了团队的管理工作，也必然面临具体事务的处理工作。对管理者来说，什么工作是应该做的，什么工作是不应该做的呢?

从理论上说，管理应该是一门科学，但在实际工作中，管理更体现为一种人文艺术。管理者基于长期的管理实践，在不断进行经验总结的过程中，形成自己的一些管理方法，有一些方法是具有普适意义的，有一些则只是管理者的个人风格和特质表现。

不过，大多经典的理论并非一产生就被定型或被普及，而是通过长时间的大量的验证和完善，最终才成为公认和通行的管理理论。

本节所讲的管理法则，可能就属于管理者的经验积累，并没有经过科学实验的验证。但在管理实践中，管理者为了不断应对各种管理问题，在没有严谨的理论可参考的情况下，也可以尝试和借鉴。

基本释义

例外原则由美国管理学家泰罗提出，是指为了提高效率和控制大局，上级只保留处理例外的和非常规事件的决定权和控制权，例行的和常规的权力全部下放给相关的下属人员。

在一项任务的完成过程中，权力是关键的。优秀的员工会积极考虑如何运用所拥有的权力，更好更快地完成任务，进而为企业带来更高的利润。因此，管理的秘诀在于合理地授权。授权的本质不是一种形式，也不是一种目的，其本质是为了更有利于工作的开展，进一步提高工作效率，更快实现团队的整体目标。

授权，是指为了下属更好地完成任务，领导者将自身所属的一部分权力和相对应的责任授予下属。合理的授权可以使领导者摆脱那些下属自己就能完成的日常任务的干扰，让自己可以专心处理重大的事件。

同时，授权还有助于培养下属的责任意识及其对业务的更全面的了解，有助于为下属承担更大的责任和日后职位的晋升打下基础，有助于更快地发现未来的领导人才。

管理延伸

在管理实践中，通常会基于一种前提假设，做出管理决策。

在关于“授权”方面，理论上管理者会有两种截然相反的假设：一种假设是员工是短视的，他们会“以权谋私”；另一种假设是员工是有一定的远见的，他们会“以权为公”。

另外还有两种截然相反的假设：一种假设是即使员工是为企业着想的，但是如果员工不能很好地利用权力，反而会给企业带来损失；另一种假设是即使员工不能妥当利用权力，但是大部分情况他们是能利用好的，如果有不好的情况也是可以通过事后的培训和奖惩而减少的。

这些假设都没有错，但是按照古狄逊定理（本篇第八节），管理应该始于管理人，通过人去管理具体的事。所以，应该让人拥有尽可能多的权力，以利于他们管理好“事”，而管理者的任务是管理好“人”。

管理启示

韩非子有言：“下君尽己之能，中君尽人之力，上君尽人之智。”授权是管理者的一项必要工作，能否合理授权也是评判管理者的一项能力标准。管理者要成为“上君”，要真正“尽人之智”或是“尽人之力”，就必须对下属进行合适地授权，只有这样才能清楚在开展工作过程中下属是“助力者”还是“阻力者”。

在管理工作中，适当授权可调动下属的工作积极性，管理者只要对最为关键的环节进行把控，就不会失去对整个团队或事业的主导权。

在管理的四项职能中，控制是管理的职能之一，但是控制并不是权力的“一把抓”。权力要尽可能地下放。最好的控制来自人们的自制，而只有掌握适当的权力的人，才会懂得自发的自制，而不是被动地被控制。自制是主动积极的表现，而被控制带来的是消极和被动的应对。

让员工拥有尽可能多的“权力”，员工会为自我的发展考虑，会为企业发挥尽可能多的价值，从而在企业实现更好的发展。

刺猬法则

编者荐语

人际关系无处不在。对于职场人士来说，可能他们和同事在一起的时间比和家人在一起的时间还多。怎么处理好与同事之间的关系，怎么处理上下级之间的关系，值得每一位管理者和每一位员工应该认真考虑。

什么样的同事关系才是最好的关系，怎么拿捏关系的度？同事关系的处理不外乎两种目的：一是形成较好的协作，更好地实现团队目标；二是营造较好的工作氛围，同事们可以在一种舒适的氛围中工作。

基本释义

刺猬法则（Hedgehog Effect）源于生物学家的一次实验。

生物学家为了研究刺猬在寒冷冬天的生活习性，将一些刺猬放到户外的空地上，这些刺猬被冻得浑身发抖。为了取暖，它们开始挤靠在一起，而相互靠拢后，又因为忍受不了彼此身上的长刺，很快就又各自分开了。可天气实在太冷了，它们又靠在一起取暖。然而，靠在一起时的刺痛使它们不得不再次分开。

靠得太近，身上会被刺痛；离得太远，又受不了寒冷。刺猬们在受冻与受刺之间几经折腾，最后终于找到了一个适中的距离，既可以相互取暖，又不至于被彼此刺伤。

刺猬法则主要是指人际交往中的“心理距离效应”，也意味着保持亲密的前提是保持适当的距离。

延伸实验

心理学家做过这样一个实验：在一间刚开门的阅览室中，当有一位学生时，实验者便进去坐在他身旁，来测试他们的反应。因为被测试者不知道这是在做实验，所以大部分人都快速默默地远远离开，到别的位置坐下，还有人非常干脆明确地说："你想干什么？"

这个实验一共测试了80个人，结果都基本相同，说明在一个仅有两位读者的空旷阅览室中，任何一个被测试者都无法忍受一个陌生人紧挨着自己坐下。

生活中人们彼此间会保持一定的空间距离，陌生人之间一般会保持一米以上的空间距离，否则会构成对别人的威胁，这种现象在心理学上叫"空间侵犯"。

管理启示

按理说应该是交往得越多越频繁，就越容易相处，关系也越好。事实并非如此。正所谓"距离产生美"，距离让我们产生美好的期待，一旦距离消失了，期待可能会变成失望。一个你非常敬佩的人，因为相处甚密，对方的缺点就日益显露出来，你就会在不知不觉中改变自己原有的感情，甚至变得对其无比失望与讨厌。夫妻、恋人、朋友以及师生之间都不例外。

对于企业管理者来说，如何处理上下级以及同级别同事之间的关系，是一种艺术。刺猬法则告诉我们，要想管理好企业团队，不仅必须与员工之间保持适当的距离，也要与老板保持适当的距离。

企业的员工关系是一种有原则的关系，我们建立关系的基础和目的都在于更好地完成工作，实现企业的整体目标。正所谓"疏者密之，密者疏之"，尊重上司，也尊重下属，尊重每一位同事，做到有礼有节，做到"亲密有间"，只有这样才可达成一种较好的合作关系。

与员工保持一定的距离，既不会使你高高在上，也不会使你与员工互相混淆身份，这是管理的一种最佳状态。距离的保持靠一定的原则来维持，这种原则对所有人都一视同仁，既可以约束领导者自己，也可以约束员工。掌握了这个原则，也就掌握了成功管理企业的秘诀。

路径依赖

编者荐语

你会习惯性地做出具有某种特定倾向的行为吗？

你的领导会习惯性地做出具有某种特定倾向的行为吗？

你的下属会习惯性地做出具有某种特定倾向的行为吗？

你所在的公司总会给出某种怪怪的决定吗？尽管大家都觉得怪怪的，但是公司领导层还是无意识地一再如此。

人生会经历无数的选择，企业在发展中也不断面临各种选择。在一个又一个选择之后，企业变成了今天或最终的样子。

如果在企业发展过程中不出现领导者更换，以及重大的变革，那企业的发展基本上是按照某一路径或模式向前发展的，而企业也就成为那个独一无二的样子。

所以，我们常说人有千奇百怪。其实企业的样子也是千奇百怪的，每个人的面孔都不同，每个企业的面孔也都不同。

基本释义

路径依赖（Path-Dependence），又可译为“路径依赖性”，它的特定含义是人类社会中的技术演进或制度变迁均有类似物理学中的惯性，即一旦进入某一路径（无论是“好”还是“坏”），就可能对这种路径产生依赖。

一旦人们做了某种选择，就好比走上了一条不归之路，惯性的力量会使这一选择不断自我强化，并让你轻易走不出去。

第一个使路径依赖理论声名远播的人是道格拉斯·诺斯。由于用路径依赖理论成功地阐释了经济制度的演进，道格拉斯·诺斯于1993年获得了诺贝尔经济学奖。

诺斯认为，经济生活与物理世界一样，都存在着报酬递增和自我强化的机制，这种机制使人们一旦选择走上某一路径，就会在以后的发展中得到不断的自我强化。

路径依赖理论被总结出来之后，人们把它广泛应用在选择和习惯的各个方面。在一定程度上，人们的一切选择都会受到路径依赖的可怕影响，人们过去做出的选择决定了他们现在可能的选择。

人们关于习惯的一切理论都可以用路径依赖来解释。要想避免路径依赖的负面效应，那么在最开始的时候就要找准一个正确的方向。每个人都有自己的基本思维模式，这种模式在很大程度上决定你以后的人生方向，而这种模式的基础，其实是早在童年时期就奠定了的。做好了你的第一次选择，你就设定了自己的人生。

对于组织而言，一种制度形成后，会形成某个既得利益集团，他们对现在的制度有强烈的要求，只有巩固和强化现有制度才能保障他们继续获得利益，哪怕新制度对全局更有效率。

对于个人而言，一旦做出选择就会不断地投入精力、金钱及各种物资，如果哪天发现自己选择的道路不合适也不会轻易改变，因为如果改变就会使自己在前期的巨大投入变得一文不值，这在经济学上叫作“沉没成本”。沉没成本是路径依赖的主要原因之一。

延伸实验

猴子与香蕉

实验人员将5只猴子放在一只笼子里，并在笼子中间吊上一串香蕉，只要有猴子伸手去拿香蕉，实验人员就用高压水枪“教训”所有

延伸实验

的猴子，直到没有一只猴子再敢动手。

然后用一只新猴子替换出笼子里的一只猴子，新来的猴子不知这里的“规矩”，竟又伸出手去拿香蕉，结果触怒了原来笼子里的4只猴子，于是它们代替人执行惩罚任务，把新来的猴子暴打一顿，直到它服从这里的“规矩”为止。

实验人员如此不断地将最初经历过高压水枪惩戒的猴子换出来，最后笼子里的猴子全是新的，但没有一只猴子再敢去碰香蕉。

起初，猴子怕受到“株连”，不允许其他猴子去碰香蕉，这是合理的。

但后来，人和高压水枪都不再介入，而新来的猴子却固守着“不许拿香蕉”的制度不变，这就是路径依赖的自我强化效应。

经典案例

铁轨间距的由来

现代铁路两条铁轨之间的标准距离是四英尺又八点五英寸（1英尺=0.3048米，1英寸=0.0254米），你知道这个距离是怎么制定出来的吗？

原来，早期的铁路是由建电车的人设计的，而四英尺又八点五英寸正是电车所用的轮距标准。

那么，电车的标准又是从哪里来的呢？最先造电车的人以前是造马车的，所以电车轮距的标准是马车的轮距标准。

那么，马车又为什么要用这个轮距标准呢？因为英国马路辙迹的宽度是四英尺又八点五英寸。所以，如果马车用其他轮距，它的轮子很快会在英国的老路上撞坏。

那么，这些辙迹又是从何而来的呢？是从古罗马人那里来的。因为整个欧洲，包括英国的长途老路都是由罗马人为它的军队铺设的，而四英尺又八点五英寸正是罗马战车的宽度。其他任何轮宽的战车在这些路上行驶，轮子的寿命都不会很长。

那么再问，罗马人为什么以四英尺又八点五英寸为战车的轮距宽度呢?

原因很简单，这刚好是牵引一辆战车的两匹马的屁股的宽度。

管理启示

整体来看，路径依赖是个人发展或者企业发展过程中的思维障碍。不管是个人还是企业，一旦形成路径依赖，就很难再有突破，因为未来的轨迹已然注定。

很多时候，人生的失败或是企业的失败，并不是因为人们不够努力，而是因为其陷入了选择的怪圈，如总是在应该往左的时候，惯性地选择了往右。相反，那些一路顺风的个人或企业，归根结底，是因为其总能做对选择，选对方向。正如在我们的学习生涯中，老师一再强调，我们学习的不应该只是具体的知识，而应该掌握高效的学习方法，如此才能在有限的时间学会尽可能多的知识，使我们在竞争中胜出。同样，对于个人或是企业来说，我们应该做的不仅仅是具体的行动，更应该是拥有高效和优越的思维模式，如此才能确保我们在战略和策略上做出的都是最优的选择。

不管是个人还是企业，当我们的发展受阻或一再不顺的时候，我们不妨让我们认为更优秀的人或优秀的咨询公司帮我们做出选择，如此一定会给我们的发展打开崭新格局，实现新的突破。因为，我们都存在路径依赖性，不管如何，我们都是不断地在自己设定的圈套中打转，我们是不可能做出“颠覆性”的选择的，是不可能让我们自己实现突破的。

青蛙效应

编者荐语

青蛙效应，也就是我们常说的“温水煮青蛙”，其实这是从每个人都有的习惯性反应而总结出的一个自然规律。

基本释义

青蛙效应源自19世纪末，美国康奈尔大学曾进行过一次著名的“青蛙实验”：

实验者将青蛙放在煮沸的大锅里，青蛙就像触电般地立即窜了出去。后来，人们又把它放在一个装满凉水的大锅里，任其自由游动。然后用小火慢慢加热，青蛙虽然可以感觉到外界温度的变化，却因惰性而没有立即往外跳，直到后来热度难忍却失去逃生能力而被煮熟。

科学家经过分析认为，这只青蛙第一次之所以能“逃离险境”，是因为它受到了沸水的剧烈刺激，于是便使出全部的力量跳了出来。

第二次由于没有明显感觉到刺激，它觉得这一温度正适合，因此，这只青蛙便失去了警惕，没有了危机意识；然而当它感觉到危机时，已经没有能力从水里逃出来了。

管理启示

事实上，造成危机的许多诱因早已潜伏在企业日常的经营管理以及我们每天的职场生活中。只是由于我们麻痹大意，缺乏危机意识，对此没有足够的重视。

有时，看起来很不起眼的小事，经过“连锁反应”“滚雪球效应”“恶性循环”，有可能演变成摧毁企业或摧毁个人职业生涯的灾难。

比尔·盖茨有一句名言，微软离破产永远只有18个月；华为任正非也不断强调，华为的冬天到了，或者华为的冬天一直没有过去；马云在内部一直宣讲，可能打败阿里巴巴的就是阿里巴巴自己。

作为企业，要避免“温水煮蛙”现象，首先要求其最高管理层具备危机意识，唯有如此企业才不致在战略上迷失方向，才不会在不经意间滑入危机的泥潭之中。

作为个人，我们只有不断学习，主动改变，对环境变化保持敏感，才能在职场生涯中不断提升，永葆活力。

蓝斯登定律

编者荐语

在职场上，我们应该用什么样的心态面对我们的境遇呢？

在我们努力寻求发展机会的时候，当我们竭力争取提拔晋升的时候，当我们在市场上“攻城略地”的时候，当我们意气风发飞黄腾达的时候，当我们手握大权荣登高位的时候，当我们被鲜花掌声和种种荣誉包围的时候，我们能否理智地面对我们所做出的行动选择，能否理智地看待我们所拥有的位置和权力？

作为一名管理者，我们已经从最基层的人员成功晋升到企业的中高层，在一定程度上，我们都曾经付出了比别人更多的努力，也获得了内心想要的回报。

那么，作为管理者，我们应该如何看待自身的位置，如何看待我们所拥有的责任和权力，如何看待我们做出的管理行为，如何才能成为一名优秀的、受人尊重的管理者呢？

基本释义

蓝斯登定律（Lansdown Law），源于美国管理学家蓝斯登的名言：在你往上爬的时候，一定要保持梯子的整洁，否则你下来时可能会滑倒。

从管理学上来说，“梯子”实际上是指我们达到目的所使用的方法或工具，我们应该选择恰当的和“整洁”的方法或工具，让我们“攀爬”过的地方，处处井然有序，明亮而干净，而非遗留下一堆堆“肮脏”的东西。假若我们“爬上去”之后，并没有“保持梯子的整洁”，这不仅会给后来“攀登”的人造成不必要的麻烦，也会严重损害我们的个人形象，更断了自己的“后路”。

故事延伸

秦穆公的马

《史记·秦本纪》记载：秦穆公丢失了一匹良马，良马被生活在岐山之下的三百多个乡里人捉得，并吃掉了。后来官吏抓住了这些吃马人，准备严惩。秦穆公说：“君子不因为牲畜而伤害人，但是我听说吃良马肉不喝酒就会伤人身体。”于是秦穆公赐酒请他们喝，并赦免了他们。

后来，秦国与晋国发生战争，秦穆公被晋军包围，受了重伤，面临生命危险。这时岐山之下偷吃良马肉的三百多人，飞驰冲向晋军，“皆推锋争死，以报食马之德”。最后他们不仅使秦穆公得以逃脱，还活捉了晋君。

良马被食，秦穆公的恼怒是可想而知的，然而事情已经发生，就算杀了那些吃马人，良马也不能复活，而且还可能会激起民怒。秦穆公顺水推舟宽恕这些乡里人，不愧是智慧国君的最佳选择，而后来的结果也证明了这一点。

仁义待人和宽宏大量的人终将让自己的路越来越宽阔，获得越来越多的帮助；而为人歹毒和心胸狭隘的人最终只会一步步走向死胡同。这也就是“得道多助，失道寡助”的道理。

管理启示

无论我们是处于基层，还是处于管理层，都要做一个让“梯子”整洁的人。只有时刻做到进退有度，才不会进退维谷；只有做到宠辱皆忘，才可以宠辱不惊。

世界是在发展和变化的，所谓“三十年河东三十年河西”，每个人都有意气风发、顺风顺水的时候，每个人也都有屡屡受挫折、低落抑郁的时候。作为职场人士，在与上司、下属和平级同事相处的时候，要保有一颗与人为善的心。

不管在工作上还是在生活中，我们都要保持谦虚谨慎，任何时候不忘与人分享，替人分担，在别人需要赞赏的时候赠人玫瑰，在别人需要帮助的时候伸出援手。

晕轮效应

编者荐语

你喜欢一个人的外在，还是一个人的内在？

生活中，我们往往喜欢长相漂亮的人，而对长相丑陋的人避而远之。

俄国大文豪普希金曾疯狂地爱上了被称为“莫斯科第一美人”的娜坦丽，并且和她结了婚。娜坦丽确实容貌惊人，但她与普希金志不同道不合。每次当普希金把写好的诗读给她听时，她总是捂着耳朵说：“不要听！不要听！”相反，她总是要普希金陪她游乐，出席豪华的晚会和舞会。普希金为此抛开创作，弄得债台高筑，最后还为她决斗而死。

在普希金看来，一个漂亮的女人也必然有非凡的智慧和高贵的品格。然而事实并非如此，漂亮的女人可能往往只有美丽的躯壳，而没有可爱的内在。

其实，普希金是受到了晕轮效应的影响。

基本释义

晕轮效应（Halo Effect）属于心理学范畴，是指当认知者对一个人的某一特征形成强烈的好的或坏的印象后，他将倾向于据此推论该人其他方面的特征，认知者对该人某一特征的认知就像月亮的光环一样，向周围弥漫、扩散，所以晕轮效应又称“光环效应”或“以点概面效应”。

晕轮效应最早由美国心理学家爱德华·桑代克于20世纪20年代提出。桑代克认为，人们对他人的认知和判断往往只从局部出发，扩散而得出整体印象，也即常常以偏概全。如果一个人被标明是好的，他就会被一种积极肯定的光环笼罩，并被赋予一切都好的品质；如果一个人被标明是坏的，他就被一种消极否定的光环笼罩，并被认为具有各种坏品质。这就像刮风天气前夜月亮周围出现的圆环（月晕），其实圆环不过是月光的扩大化而已。据此，桑代克为这一心理现象起了一个恰如其分的名称“晕轮效应”。

心理学家戴恩做过一个实验，他让被实验者看一些照片，照片上一部分人长相较好，一部分长相较差，然后让被实验者对这些人进行人格评定，结果被实验者对长相较好的人赋予更多理想化的人格特征，如乐观、积极、可亲等，对长相较差的人则不然。

生活中，晕轮效应不仅表现在以貌取人方面，还常常表现在以地位、服饰以及第一印象或初次言谈的感觉来判断一个人的才能和品德。当我们需要对不太熟悉的人进行评价时，这种效应表现得尤其明显。

与晕轮效应相似的是美国心理学家丹尼尔·麦克尼尔提出的“美即好效应”。丹尼尔·麦克尼尔通过实验研究发现，对一个外表英俊漂亮的人，人们很容易误认为他或她的其他方面也很不错。

理论延伸

古人哲学

战国时候，有一次哲学家杨朱和弟子来到了宋国边境，天气很热，他们找到了一家小客栈休息。

在客栈中，弟子发现，店主的两个老婆的长相、身份、地位相差极大：一个长相一般的在柜台上掌管钱财进出，而另一个长得很美的却干着洗碗清洁的杂活儿。

弟子很困惑，就忍不住问店主是什么原因。

店主回答说：“长得漂亮的自以为漂亮，不听管束，举止傲慢，可是我却不认为她漂亮，所以我让她干粗活儿；另一个认为自己不美丽，凡事都很谦虚，我却不认为她丑，所以就让她管钱财。”

管理启示

晕轮效应，其实是指在人际交往中，人身上表现出的某一方面的特征掩盖了其他特征，从而造成人际认知的障碍。它是一种以偏概全的主观心理臆测，其错误在于：

第一，它容易抓住事物的个别特征，习惯以个别推及一般，就像盲人摸象，以点概面；

第二，它把并无内在联系的一些个性或外貌特征联系在一起，断言有这种特征必然会有另一种特征；

第三，它说好就全都肯定，说坏就全部否定，这是一种受主观偏见支配的绝对化倾向。

总之，晕轮效应是人际交往中对人的心理影响很大的认知障碍，我们应尽量避免和克服晕轮效应的副作用。

对于管理者来说，我们在工作中势必需要对员工的能力和品质进行判断，以确保我们做出的任命或安排的工作是恰当的。同样，对于下属来说，他们也利用自己掌握的信息对他的上司做出某种预判，以明确他是否有机会在上司的领导下，得到好的机会，取得好的发展。

不过，企业管理应该是理性和客观的，切忌轻易对下属或上司进行定性或贴标签，因为这会给下属或上司造成不好的偏见，会在工作推进时出现不必要的障碍，从而影响团队的沟通和协作。

另外，在企业管理工作中，晕轮效应比较多地体现在招聘面试中。由于面试官对应聘者的了解很少，但又必须要在相对较短的时间内对应聘者进行评判，以决定是否录用，所以就很容易被应聘者的外貌、学历和短暂的言谈"迷惑"，从而导致录用善于表现而能力或品质较差的人员；相反，面试官也有可能因为应聘者的临场表现不佳或将其因为面试紧张所犯的错误无限放大，从而与一位非常优秀和有潜力的人才失之交臂。

古狄逊定理

编者荐语

在管理学理论中，管理有四项职能，分别是计划、组织、领导和控制；与此相对应，管理者的职责就是计划、组织、领导和控制。

由此来看，管理工作和专业技术工作是完全不同的。两者不仅工作内容完全不同，工作目标也完全不同。因此作为一名管理者，需要考虑的就不再是个人的工作绩效问题，而是一个团队的绩效问题。如何实现团队绩效的最大化，是管理者需要思考的最重要的问题。

团队业绩是团队里每一个人的业绩表现的总和。作为团队的管理者，要想提升团队的业绩，必须朝向一个目标，恰当地激发团队每一个人的能量，提升每一个人的业绩，如此才能实现团队业绩的最大化。

然而，业绩的实现需要执行，在团队业绩目标实现存在困难的情况下，或者在团队工作推进的过程遇到障碍的情况下，管理者势必会陷入亲力亲为的执行工作中。在现实工作中，管理和执行并不能绝对地分开，如何处理好管理与执行的关系，如何处理好自身和团队的关系，以及团队中的个体与团队整体的关系，这是一名合格的管理者需要研究的课题。

基本释义

古狄逊定理是由曾任英国证券交易所主管的N. 古狄逊提出。古狄逊在对管理做点评的时候说道，管理是一种让别人干活儿的艺术，一个累坏了的管理者，是一个最差劲的管理者。

在现实生活中，我们发现很多管理者常常忙得焦头烂额，恨不得一天有48小时可用，他们觉得需要员工的帮忙，但是又怕他们做不好，以致最后事情都往自己身上揽。虽然一个称职的管理者最好是一个精通各类事务的“万金油”，但一个业务能力很强的人并不一定能管理好一家企业。管理的真谛不是要管理者自己来做事，而是要管理别人把事做好。

在现实工作中，很多管理者会将困难的工作留给自己去做，是因为他们认为下属胜任不了，觉得自己亲自去做更有把握。但是，这一定不是长久之计。管理者需要有一定的预知能力和预先培养员工解决相应问题能力的意识，并在管理工作中，不断发现和培养优秀的能解决突发事件和重大难题的员工，这样做一方面给下属成长的机会，增强他们解决问题的能力，另一方面又培养了自己的授权和控制能力。

管理启示

有一天，一个男孩问迪士尼的创始人华特·迪士尼：“您画米老鼠吗？”

“不，我不画。”华特说。

“那么您负责想那些笑话和点子吗？”

“不，我也不做这些。”

男孩很困惑：“那么，迪士尼先生，您到底都做些什么啊？”

华特笑了笑，回答说：“有时我把自己当作一只小蜜蜂，从片场一角飞到另一角，搜集花粉，给每个人打打气。我猜，这就是我的工作。”

企业的发展壮大不能光靠一名管理者，必须依靠广大员工的积极努力，只有借助他们的才能和智慧，群策群力才能把企业推向前进。再能干的领导，也无法完成一个团队的所有工作，我们必须借助他人的智慧和能力，这是管理者的最佳选择。

比伦定律

编者荐语

如何看待一个“失败”的员工？

如何面对企业经营过程中的“失败”？

所谓“成者王败者寇”，似乎是说失败是不被允许的，因为失败会影响企业的收益和发展，失败会挫伤团队的士气。

然而，失败是在所难免的。如何面对失败，如何处理失败，如何从失败中走出来开始新的征程，才是管理者应当积极看待的。

基本释义

美国考皮尔公司前总裁F. 比伦提出：“如果你在一年之中不曾有过失败的记载，你就未曾勇于尝试各种应该把握的机会。”这就是比伦定律。

比伦定律辩证地认知“失败”，把失败看作成功的前奏，因为失败也是一种机会，应该把失败看作事物本身的必然部分。任何尝试都有风险，任何尝试都蕴藏着不可预知的收益，当然也蕴藏着不可预知的损失。但是企业要发展，员工要提升，就必须要勇于尝试，否则将停滞不前。

管理启示

宝洁公司曾经有这样的企业文化：如果员工三个月没有犯过错误，那他就是不合格的。因为这说明了两个问题，一是这三个月他什么也没干，二是这三个月他没有任何成长。

如果我们什么都不做，我们就永远不会失败，但我们也永远不会成功。

频繁犯错的员工可能是不可饶恕的，但不排除他正在做别人没有做过的尝试。成功的人不一定能教会我们如何成功，但失败的人一定会教会我们如何避免失败。

对企业而言，出现失败在所难免。问题是，面对失败是文过饰非、遮短护短，还是吸取教训、找出原因？成功与失败虽然是两个截然相反的词，但两者并非不可逾越。成功的前面可能有无数次的失败，而失败的后面一定会有成功。如果一味地害怕失败，那就等于拒绝了成功。

在企业发展过程中，机会无处不在，但机会又是稍纵即逝的，你不可能在做好所有的准备后再去把握机会。这就要求我们有一种试错精神，即使最后证明自己错了，也不会后悔。因为你把握了机会，至少知道了你先前把握机会的方式是行不通的。

“不值得”定律

编者荐语

明白“不值得”定律，对我们取得事业的成功非常重要，它让我们坚定地放弃“不值得”的工作，而全心全意投入真正“值得”的事业。

我们要谨慎审视自己的事业和心态，一旦选定了“值得”的事业，就要全力以赴，拼尽所有力量。

基本释义

“不值得”定律最直观的表达为“不值得做的事情，就不值得做好”。

这个定律反映出人们的一种心理，一个人如果从事的是一份自认为不值得的事情，往往会持冷嘲热讽、敷衍了事的态度，不仅成功概率小，即使成功，也不会觉得有多大的成就感。

“不值得”定律看似简单，实则深奥，它给人们的一个重要反思和启示是，值得做的事就要把它做好！

管理启示

当你遵循着这个指示去行为处事时，在不经意间你会发现，它给那些徘徊于主观意愿与客观环境的矛盾中，纠结于随波逐流还是激流勇进的选择中的人们指明了方向，让他们不再消极被动，而是从容淡定地坚持“选择你所爱的，爱你所选择的”。

俗话说，“女怕嫁错郎，男怕入错行”。这说明选择的重要性，一份工作或事业的选择决定了我们的人生。所以，要审慎地做好选择，选择后就全力以赴，永不放弃。

曾国藩所说的“三思方举步，百折不回头”，也是这样的道理。

希望我们都能“选我所爱，爱我所选”，谱写一曲无怨无悔、精彩无限的人生之歌。

9

更多管理定律

“100：10：1”法则

100个人有同样的想法，10个人行动，1个人坚持到成功。

长尾效应

“头”和“尾”是两个统计学名词，正态曲线中间的突起部分叫“头”，两边相对平缓的部分叫“尾”。从人们需求的角度看，大多数人的需求会集中在头部，我们可以称这个头部为流行，而分布在尾部的需求是个性化的，零散的小量的需求。

差异化的、少量的需求会在需求曲线上形成一条长长的“尾巴”，而所谓长尾效应（Long Tail Effect）就在于它的数量上，将所有非流行的市场累加起来就会形成一个比流行市场还大的市场。

以Amazon（亚马逊，国际网购平台之一）的统计数据来说，那些不在一般书店里出售的图书，要比那些摆在书店书架上的图书形成的市场更大。

定位效应

社会心理学家曾做过一项实验，在召集会议时先让人们自由地选择位子，之后到室外休息片刻再进入室内入座，如此五至六次，大多数人依然选择他们第一次坐过的位子。

定位效应所讲的是，凡是人们自己认定的，大都不会轻易改变它。

福克兰定律

福克兰定律由法国管理学家D. L. 福克兰提出。它指的是，若没有必要做出决定时，就有必要不做出决定。

换句话说，当不知如何行动时，最好的行动就是不采取任何行动。

格瑞斯特定理

美国企业家H. 格瑞斯特提出，杰出的策略必须加上杰出的执行才能奏效。这被总结为“格瑞斯特定理”。

我们通常会说，好的成果往往是三流的方案，一流的执行；而非一流的方案，三流的执行。

管理的“X理论”与“Y理论”

在管理学中，根据把人的本性看作是向善的还是向恶的两种不同认识，形成了两种不同的理论：X理论和Y理论。

Y理论认为，人是向善的，所以管理应以激励为主，通过激励来达到激发员工的工作热情、提高工作效率的目的。

X理论认为，人是向恶的，管理应以惩罚为主，通过严惩来达到规范员工行为，使员工在外在制度规范的约束下，集中精力工作，提高工作效率。

互惠关系定律

“给予就会被给予，剥夺就会被剥夺。信任就会被信任，怀疑就会被怀疑。爱就会被爱，恨就会被恨。”这就是心理学上的互惠关系定律（Mutually Beneficial Relationship Law）。

加油站定律

这是一则在民间流传较广的商业故事。

在一个小镇，一位商人开了一个加油站，生意特别好。于是第二个商人来了，开了一家餐厅。第三个商人来了，开了一家超市，很快这个小镇就繁华了。

另一个小镇，一位商人开了一个加油站，生意特别好。第二个商人来了，开了第二个加油站。接着第三个商人、第四个商人来小镇后也开了加油站，最后大家都倒闭了。

加油站定律告诉我们，和别人走一样的路，结果是大家都无路可走。

柯美雅定律

柯美雅定律由美国社会心理学家M.R.柯美雅提出，指的是世上没有十全十美的东西，任何东西都有改革的余地。

垃圾桶理论

荷兰有一个城市为解决垃圾问题而购置了垃圾桶，但由于人们不愿意使用垃圾桶，乱扔垃圾的现象仍十分严重。该市卫生机关为此提出了许多解决办法。

第一个方法：把对乱扔垃圾的人的罚金从25元提高到50元。实施后，收效甚微。

第二个方法：增加街道巡逻人员的人数，成效亦不显著。

后来，有人在垃圾桶上出主意：设计了一个电动垃圾桶，桶上装有一个感应器，每当有人将垃圾丢进桶内，感应器就有反应而启动录音机，播出一则故事或笑话，其内容还每两周换一次。

这个设计大受欢迎，结果所有的人不论距离远近，都把垃圾丢进垃圾桶里，城市因而变得清洁。

在垃圾桶上安装感应式录音机，丢垃圾进去就播出一则故事或笑话，既省钱，又不会让人们感到厌恶，效果远比那些惩罚手段好得多。

同样，要解决员工在工作期间偷懒或者违反公司规定的问题，用监管和处罚的手段实际上也是很难奏效的，因为员工的工作成效主要还是要靠其用心努力。

零和游戏

零和游戏（Zero-sum Game），又称“零和博弈”，与非零和博弈相对，是博弈论的一个概念，属非合作博弈。零和游戏指参与博弈的各方，在激烈竞争下，一方的收益必然意味着另一方的损失，即一方所赢正是另一方所输，博弈各方的收益和损失相加总和永远为“零”，双方不存在合作的可能。

零和游戏原理之所以广受关注，主要是因为人们在社会的方方面面都能发现与“零和游戏”类似的局面，胜利者的光荣后面往往隐藏着失败者的辛酸和苦涩。

卢维斯定理

美国心理学家卢维斯提出，谦虚不是把自己想得很糟，而是完全不想自己。

如果把自己想得太好，就很容易将别人想得太糟。但是如果把自己想得太糟，就会因为过分谦虚而失去展示才华的机会。

洛伯定理

美国管理学家洛伯提出，对于一个管理者来说，最重要的不是你在场时公司是怎么样的，而是你不在场时公司是怎么样的。

换句话说，如果只想让下属听你的，那么当你不在现场时，他们就不知道应该听谁的了。

落叶定律

小和尚负责清扫寺院落叶，每天要很长时间才能扫完。有人对他说：“你打扫前用力摇树，把落叶统统摇下来，明天就不用打扫了。”

小和尚觉得很对，就高兴地照办了。可第二天院子里如往日一样满地落叶。

落叶定律告诉我们，每天都会出现新的问题，工作需要每天都做，没有一劳永逸的事情。

米格-25效应

米格-25是苏联研制的喷气式战斗机，它在许多零（部）件上都落后于美国，但因设计者考虑了整体性能，故能在升降、速度、应急反应等方面达到当时世界一流水平。

米格-25效应指的是，最佳整体乃是个体的最佳组合，其中的个体可能不是最优秀的，但是对于整体来说，一定是最适合的，也即适合的才是最好的。

摩斯科定理

你得到的第一个回答，不一定是最好的回答。

摩斯科定理由美国管理学家R. 摩斯科提出。摩斯科主张“打破砂锅问到底”。因为，当你询问人们问题时，人们的第一反应往往是不假思考或者随意应付，只有继续追问下去才能得到想要的答案。

凝聚效应

凝聚效应由美国社会心理学家沙赫特提出，它指的是，在其他因素保持不变的状态下，企业的凝聚力越大，这个企业的生产效率越高，企业也就越有活力。

儒佛尔定律

法国未来学家H. 儒佛尔提出，没有预测活动，就没有决策的自由。

有效的预测才是英明决策的前提，这被人们称为“儒佛尔定律”。

普希尔定律

普希尔定律指的是，在做出一项正确的决策之前，速度是关键。即使是一项好的决策，如果不能在公司中迅速形成共识，也等同于虚有。

A. J. S公司原副总裁普希尔认为，凡是在某些行业内的领跑者，都具有迅速做出一项正确决策的能力。人若思虑太多，就会阻碍迅速做出决策。任何一项正确的决策，都是现在做出来的。后来人们将其总结为“普希尔定律”。

七次机会定律

据说人这一生大概能遇到七次机会，这些都是可以改变人生的机会。但每个人都需要前期日复一日地投入和坚持，才能遇到这样的机会。

乔布斯法则

乔布斯在一次讲话中说道："我过去常常认为一位出色的人才能顶两名平庸的员工，现在我认为能顶50名。"

乔布斯说，他花了半辈子时间才充分意识到人才的价值。在他的工作中，他把大约1/4的时间用在了人才招募上。

"一个出色人才能顶50个平庸员工"，这句话后来被人们总结为"乔布斯法则"。

囚徒困境

囚徒困境是由美国兰德公司的梅里尔·弗勒德和梅尔文·德雷希尔提出的困境理论，后来由艾伯特·塔克以囚徒方式进行阐述，并命名为"囚徒困境"。

囚徒困境描述的是，两个共谋犯罪的人被关入监狱，不能互相沟通情况。如果两个人都不揭发对方，则由于证据不确定，每个人都坐牢一年；若一人揭发，而另一人沉默，则揭发者因为立功而立即获释，沉默者因不合作而入狱十年；若互相揭发，则因证据确凿，二者都判刑八年。

由于囚徒无法信任对方，因此倾向于互相揭发，而不是同守沉默。

囚徒困境反映了个人最佳选择并非团体最佳选择。或者说在一个群体中，个人做出的理性选择却往往导致集体的非理性。

权威暗示效应

美国心理学家们曾经做过一个实验：在给某大学心理学系的学生们讲课时，

向学生介绍一位从外校请来的德语教师，说这位德语教师是从德国来的著名化学家。

实验中这位“化学家”煞有其事地拿出了一个装有蒸馏水的瓶子，说这是他新发现的一种化学物质，有些气味，请在座的学生闻到气味时就举手，结果多数学生都举起了手。本来没有气味的蒸馏水，通过这位“权威化学家”的语言暗示而让多数学生都认为它有气味。

权威效应（Authoritative Effect），又称“权威暗示效应”，是指一个人要是地位高，有威信，受人敬重，那他所说的话及其所做的事就容易引起别人重视，并使其他人相信其正确性，即“人微言轻、人贵言重”。

权威效应的普遍存在，首先是由于人们有“安全心理”，即人们总认为权威人物往往是正确的楷模，服从他们会使自己具备安全感，增加不会出错的“保险系数”；其次是由于人们有“赞许心理”，即人们总认为权威人物的要求往往和社会规范相一致，按照权威人物的要求去做，会得到各方面的赞许和奖励。

犬獒效应

据说，当年幼的藏犬长出牙齿并能撕咬时，主人就会把它们放到一个没有食物和水的封闭环境里，让这些幼犬自相撕咬，最后剩下一只活着的犬，这只犬称为“獒”。

据说十只犬才能产生一只獒，这种现象被称为“犬獒效应”。

首因效应

首因效应（Primacy Effect），也称“第一印象效应”，由美国心理学家洛钦斯首先提出，是指交往双方第一次留下的印象，会在彼此头脑中占据主导地位。

第一印象有可能是不客观的，甚至是不正确的，但它却是最鲜明、最牢固的，并且决定着以后双方交往的进程。

如果一个人在初次见面时给人留下良好的印象，那么人们就愿意和他接近，彼此也能较快地取得了解，并会影响人们对他以后一系列行为和表现的解释。

反之，对于一个初次见面就引起对方反感的人，即使由于各种原因难以避免与之接触，人们也会对其很冷淡；在极端的情况下，甚至会在心理上和实际行为中与之产生对抗状态。

斯坦纳定理

美国心理学家斯坦纳这样说道，“在哪里说得越少，在哪里听到的就越多”，这句话被人们总结为“斯坦纳定理”。

斯坦纳定理告诉我们应该多听少说，因为我们说得越少就会听得越多。反之，我们说得越多就会听得越少，这时说就成了听的障碍。

隧道视野效应

隧道视野效应讲的是，如果一个人身处隧道，那他前后的视野范围就非常狭窄。

隧道视野效应揭示的是，如果视野不宽，脚下的路就会越走越窄。因此，我们只有不断打开视野，拓宽思维，才能看到更远的地方，迈向更广阔的天地。

特雷默定律

英国管理学家E. 特雷默提出，每个人的才华虽然高低不同，但一定是各有长短，因此在选拔人才时要看重的是他的优点而不是缺点，这就是“特雷默定律”。

在团队中，每个人各有所长，管理者应该根据他们各自的特长将其放在合适的职位，使其发挥自己所长，如此才能提高团队整体的竞争力。

甜柠檬效应

在挫折心理学中，人们把个体在追求预期目标而失败时，为了冲淡自己内心的不安，就百般提高现已实现的目标价值，从而达到了心理平衡、心安理得的现象，称为“甜柠檬效应”。

这一术语来源于《伊索寓言》：有只狐狸原想找些可口的食物，但遍觅不着，只找到一只酸柠檬，这实在是一件不得已而为之的事，但它却说，“这柠檬是甜的，正是我想吃的”。

这种只能得到柠檬就说柠檬是甜的自我安慰现象，是为了变恶性刺激为良性刺激，以达到自我心理平衡，免去自我苦恼与痛苦的目的。这与酸葡萄效应一样，都是使用自我安慰法的结果，都是以某种“合理化”的理由来解释自己所追求目标失败时的情景，以达内心之安、心理自救的目的。其差异只在于酸葡萄效应是把所追求的目标价值变低，而甜柠檬效应则是把现已实现的目标价值提高。

一般来说，每种现象或事件的发生，都可用许多理由与方法进行解释。酸葡萄与甜柠檬心理都是从个体的心理需要出发，从一系列理由中选择一些合乎自己内心需要的理由去强调，而忽略其他理由，以避免心理上的痛苦，这在心理学上又叫“合理化”。

弗洛伊德指出，常见的合理化有两种：一是希望达到的目的没有达到，心理便否定该目的的价值或意义，俗称“酸葡萄效应”；二是未达到预定的期望或目标，便提高目前现状的价值或意义，俗称“甜柠檬效应”。

通俗地讲，“酸葡萄”是丑化得不到的东西，而“甜柠檬”则是美化得到的东西，这种策略运用得当可以消除心理紧张、缓和心理气氛、减少攻击性冲动和攻击行为产生的可能性，变恶性刺激为良性刺激；但若运用过度，则会妨碍人们去追求真正需要的东西。

桶底理论

桶底理论讲的是，产品是木桶的底，服务是木桶的围板，营销和广告带来的流量是往木桶中注入的水，但能留存多少水首先取决于产品有没有瑕疵和缺陷，其次才取决于服务的最短板。

桶底理论告诫我们，必须注重产品的品质，品质是企业发展的根基，没有了品质，企业再多的投入都是白费。

托利得定理

托利得定理由法国社会心理学家托利得提出，指的是要测验一个人的智力是否属于上乘，只看他的脑子里能否同时容纳两种相反的思想，并无碍于其处世行事。

任何事物都有其两面性，我们应当能转换角度看待同一事物，否则会做出偏颇或不够理智的决定。

王安论断

王安电脑创始人、美籍华裔企业家王安提出，犹豫不决固然可以减小做错事的概率，但也会让人错过成功的机会，这被总结为“王安论断”。

王安论断告诉我们，面对市场机遇，我们应该勇敢抓住，迅速行动，切忌优柔寡断。

王永庆法则

中国台湾台塑创始人王永庆提出，企业节省一元钱就等于净赚一元钱。这一思想被台塑员工奉为经典，也被企业界称为“王永庆法则”。

微笑曲线理论

微笑曲线理论由宏碁创始人施振荣提出。1992年施振荣提出“再造宏碁”，并提出了“微笑曲线”（Smiling Curve）理论，以此指导宏碁的发展战略。

微笑的嘴型表现为两端朝上中间朝下的曲线，在施振荣提出的微笑曲线中，左端是设计研发，右端是市场营销，中间是生产制造。

施振荣认为，全球制造业已经供过于求，只有研发和营销才能创造更多附加值，因此产业未来应朝微笑曲线的两端发展。

乌鸦定律

这是一则民间流传的寓言故事。

鸽子在归家途中遇见正在飞走的乌鸦。鸽子问：“你要飞到哪里？”

乌鸦说：“其实我不想走，但大家都嫌我的叫声不好，所以我想离开。”

鸽子说：“别白费力气了！如果你不改变声音，飞到哪里都不会受欢迎的。”

乌鸦定律告诉我们，无论你去到哪里，要受到别人的欢迎，只能从改变自己出发。

韦奇定理

美国经济学家伊渥·韦奇提出，即使你已有了主见，但如果有十个朋友的看法和你相反，你也很难不动摇。

聪明的做法是，在未听之时不应有成见，既听之后不可无主见。换句话说，不怕开始众说纷纭，只怕最后莫衷一是。

韦特莱法则

美国管理学家韦特莱提出，成功者所从事的工作，是绝大多数人不愿意去做的，这被称为“韦特莱法则”。

韦特莱法则告诉我们，要想获得成功，就必须想别人所不敢想，做别人所不愿意做，这样才能与众不同，才有可能不同凡响。

沃尔森法则

沃尔森法则由美国企业家S. M. 沃尔森提出，其主旨是，如果我们把信息和情报放在第一位，金钱就会滚滚而来。

换句话说，沃尔森法则所讲的是，你能得到多少，往往取决于你能知道多少。

要想在变幻莫测的市场竞争中立于不败之地，你就必须快速准确地获悉各种情报，并在获得这些情报后，迅速采取行动。

吸引力法则

吸引力法则（The Law of Attraction），是指当思想集中在某一领域的时候，跟这个领域相关的人、事、物就会被它吸引而来。我们似乎有一种看不见的能量，一直引导着整个宇宙规律性地运转。

每个群体都由分散的个体组成，而能把分散的个体聚合起来的就是这个群体的灵魂人物。通常被这个灵魂人物聚集到一起的人，身上总会有他的一些影子，也就是说他们都具有某种共性。

蚁群效应

蚁群效应（Ant Effect）是人们从蚂蚁群体的组织和分工中总结出来的灵活的组织建设和运转方式。蚂蚁有严格的组织分工，但它们的分工能够迅速根据环境做出调整。

比如，蚂蚁发现食物后，如果是两只蚂蚁同时发现的，他们会分别走两条路线回到巢穴，边走边释放出特有的气味，先回到巢穴的蚂蚁释放出来的味道更重，这样它们的同伴就能选择最近的路线去搬运食物。

可见蚂蚁群体效应集中优势表现在：弹性——能够迅速根据环境变化进行调整；强韧——一个个体的弱势并不影响团队运作的高效；自我组织——无须太多的控制和管理就能自我完成工作。

蚁群效应之所以成为“高效”的代名词，正是在于通过组织结构和岗位设置发挥了团队成员的组织能力。

责任分散效应

1964年3月13日凌晨3时20分，在美国纽约郊外某公寓前，一位名叫朱诺比白的年轻女子在结束酒吧工作回家的路上遇到歹徒，当时她绝望地喊叫："有人要杀人啦，救命！救命！"听到喊叫声，附近住户亮起了灯，打开窗户，歹徒吓跑了。

当一切恢复平静后，歹徒又返回作案；当她又喊叫时，附近的窗户又打开灯，歹徒又逃跑了。当她认为已经无事，回到自己家门前准备上楼时，歹徒又一次出现在她面前，将她杀死在楼梯上。

在这个过程中，尽管她大声呼叫，她的邻居中至少有38位到窗前观看，但无一人来救她，甚至无一人打电话报警。

这件事引起纽约社会的轰动，也引起了社会心理学工作者的重视和思考。人们把这种众多的旁观者见死不救的现象称为"责任分散效应"。

对于责任分散效应形成的原因，心理学家进行了大量的实验和调查，结果发现：这种现象不能仅仅说是众人的冷酷无情，或是道德日益沦丧的表现。因为在不同的场合，人们的救援行为确实是不同的。

当一个人遇到他人求助时，如果当时只有他一个人能提供帮助，他会清醒地意识到自己的责任，给予求助者帮助；如果他见死不救则会产生罪恶感和内疚感。

如果当时有许多人在场，帮助求助者的责任就会由大家分担，造成责任分散，每个人分担的责任会变得很小，从而共同产生一种"我不去救，有别人去救"的心理，最终导致集体冷漠局面的出现。

蜘蛛结网定律

西方有一则寓言是这样的——

苏格兰王子布鲁斯带领军队抗击外国侵略者，一连打了7次都失败了，他几乎失去了信心。

后来，他看到一只蜘蛛在结网，结了7次都没成功，但是仍然坚持结了第8次，终于成功了。

他被这种精神所感动，再一次组织抵抗，终于取得了胜利。

蜘蛛结网屡次失败，但它都知道不折不挠，坚持到成功，何况人乎？

中层定律

职场中，往往很多人都会止步于中层管理位置，只有极少数人能够顺利跨入高管行列。究其原因，这是为什么呢？

研究发现，导致这一现象的最主要原因在于，大多数人上升至中层管理位置之后，往往会失去自我学习和自我修正的能力。这导致他们无法敏锐地意识到自身存在的致命缺陷，甚至有些人即使意识到了自身的缺陷，也放任不管，不加以克制。反之，能够顺利跨入高管行列的那一小部分人，却深谙人性弱点。他们在工作中，戒骄戒躁，总是能不断发现自身存在的问题，并加以克制和修正。因为，他们深知高层管理者需要的工作能力、职业素养、学识及个人品质等，要远远优于中层管理人员。

坠机理论

管理界一直有“坠机理论”的说法，指的是企业应该在平时的经营管理中采取适当的措施，形成一套系统完整的管理制度，避免因企业领导人“意外坠机”而导致企业也随之“坠机”。

世界因我们而不同

一

“世界因我们而不同”。

从写第一本书开始，我就将这句话作为后记的标题，一直没有改变过。

我喜欢商业写作，我希望通过我笔下的文字，通过我写的一本又一本商业著作，让中国的商业文明发生一点点的改变，或者变得有一点点的不同。

如果此刻你读到了这里，也希望你能和我一道，让这个世界因我们的努力而变得不同。

二

每一本书，都在记录一段历史。

同样，本书也承载了一段世界企业经营管理的历史，希望它能为整个世界的历史传承作出一点贡献。

在我的每一本著作即将付印的时候，我都会发出深深的感慨：一本书的完成，是多么的不容易，与一项大型建筑工程的完成过程一样，一本书从构思、撰写、审改，一直到定版付印，为其付出的人同样不计其数，即使用千千万万来形容也不为过。

三

其实，在每一本书的书稿完成之后，在图书散发着油墨的香味送达读者手中之前，作者都想借自己手中的笔，或者电脑的键盘，向为本书贡献过力量的人们说些什么。

正如一个乐队表演结束后，主唱要和大家所说的话一样。

所以，在此我想以本书作者的身份写下为本书能够完美呈现在大家手中而做出了不懈努力的所有人们的名字，以示感谢。

四

本书中收集了大量的经营管理学理论和案例，这些理论和案例的背后有千千万万的企业、管理大师和管理学者，感谢你们为管理学做出的贡献，没有你们，就不可能有这本书的出现。

这本书出版的背后有很多故事，也很感叹人生的缘分，让我有幸认识中国经济出版社的崔姜薇老师，我们有很多共同语言，平时关于知识服务方面的交流也很多，崔老师给了我很多启发，希望这本书的出版，是一段美好知识旅程的开始。

在图书的编辑和出版方面，出版社的王建昌老师非常专业，有很多真知灼见。王老师在为人方面非常谦虚，也很真实，很有温度。我身上有很多问题，特别是拖延症严重，不断给自己找借口，而王老师很包容，给了我最大的写稿自由度，真是让我自觉惭愧。

五

我从2013年1月开始写作，2013年5月出版了我的第一本商业著作《不同凡响：广告策划之道》。到今天已经出版的著作有《不同凡响：广告策划之道》《你的创意逊毙了》《笔尖：创意文案42式》《一瞬：不深刻，不青春》《策划在左，文案在右》《体验再造：赢得YOU时代的方法论》《体验感：品牌3.0的营销革命》《房地产营销30讲》《顶尖文案：走心广告的180种句式》《爆品创意：如何设计有销售力的广告》《走心文案》。这些书在行业内的评价褒贬不一，但我想说的是，对于我和我的合著者而言，我们都已拼尽全力做到了最好。

在此，感谢我多年以来的合著者尹雨诗老师，希望我们能保持一年1~2本新书的写作速度，不断给中国商业贡献有价值的知识读本。

同时，也希望更多的创作者加入商业图书的创作和传播行列，因为对于知识青年来说，这是值得付出我们热血的领域。

六

最后，希望每一位读者都能通过这本书获得一些启发。

如果您想更多交流，或者给作者提出意见，您可以添加作者的交流微信号（ynwanghao）。如果您有更多关于管理定律的知识，或者对本书未来的修订有特别建议，也请不吝赐教和分享。

相信，世界会因我们的努力而变得不同。